ars vivendi

Johannes Wilkes

Spree-Radtouren

In 6 Tagen
mit dem Fahrrad
von der Lausitz nach Berlin

Mit Fotos von Jonas Wilkes

Ein ars vivendi Freizeitführer

Bei der Realisierung dieses Buches ließen wir größtmögliche Sorgfalt walten. Falls dennoch Informationen falsch oder inzwischen überholt sein sollten, bedauern wir dies, können aber auf keinen Fall eine Haftung übernehmen.

Korrekturvorschläge und Anmerkungen an: info@arsvivendiverlag.de

Bildnachweis:
S. 38: Abdruck der beiden Bilder mit freundlicher Genehmigung von Bettina Sinkwitz-Schau. Autor und Verlag bedanken sich ganz herzlich für die Unterstützung!
S. 51, 52: © Karin Jaehne/AdobeStock; S. 67: © Heiko Zahn/AdobeStock; S. 68 oben: © Erik Simons/AdobeStock; S. 98: © mauritius images/Alamy/UtCon Collection; S. 202: Estrellea u. Torsten Radmann/AdobeStock
Alle übrigen Fotografien stammen von Jonas und Johannes Wilkes.

Erste Auflage 2021

Bauhof 1, 90556 Cadolzburg

www.arsvivendi.com

Cover und Illustrationen:
Designbüro Franziska Mariella Schatz, franziskaschatz.com
Umschlag, Satz und Karten:
Christine Richert, typoholica mediengestaltung
Druck: Beltz Grafische Betriebe GmbH, Bad Langensalza

FSC www.fsc.org
MIX
Papier aus verantwortungsvollen Quellen
FSC® C089473

ISBN 978-3-7472-0235-7
Printed in Germany

Inhalt

Vorbemerkung

Das eigene Land neu entdecken – geht das schöner als auf dem Rad? Zumal, wenn ein solch zauberhafter Fluss wie die Spree lockt. Wie viele Dinge gibt es an ihren Ufern zu finden! Einzigartige Landschaften, architektonische Highlights, geschichtsträchtige Städte, kulinarische Spezialitäten und berührende Geschichten von ganz besonderen Menschen.

Wie Sie sicherlich bald bemerken werden, haben wir einige Abschnitte unserer ersten Rechercheerreise während Corona- und Lockdownzeiten absolviert; wir haben aber selbstverständlich darauf geachtet, Ihnen möglichst Informationen und Erlebnisse zu bieten, die auch nach dem Frühjahr 2021 noch Bestand haben werden.

Ein paar praktische Hinweise vorweg:

Der *Spree-Radweg* ist durchgängig in beiden Richtungen gut beschildert, sodass in diesem Buch, bei dem die Reisereportage im Vordergrund stehen soll, auf detaillierte Hinweise zum Streckenverlauf verzichtet wird. Wer nicht mit Handy-Landkarten verreist und wem unsere Tourenpläne nicht genügen, für den gibt es zusätzliches Kartenmaterial in jeder Buchhandlung. Unterkünfte und Einkehrmöglichkeiten finden sich entlang der Strecke engmaschig und in allen Preiskategorien; Tipps von Leserinnen und Lesern werden in künftigen Ausgaben gerne berücksichtigt. Schreiben Sie uns an: *info@arsvivendiverlag.de*

Die gewählte Einteilung in Tagesetappen kann beliebig angepasst werden, es gibt so viele interessante Dinge am Weg zu entdecken, dass man locker eine 7-Tages-Tour daraus machen kann. Manch einer wird spontan sagen, an diesem lauschigen See gefällt es mir so gut, hier lege ich eine Zusatzpause ein. Dass die Anzahl der Tageskilometer unterschiedlich ausfällt, liegt an der Vielzahl von Attraktionen in den größeren Städten Bautzen, Cottbus und Berlin. Die Etappeneinteilung hängt auch von der Uhrzeit des Tourenstarts ab. Von weiten Teilen Deutschlands kann man Neugersdorf zur Mittagsstunde erreichen.

Die Radtour kann man natürlich auch in umgekehrter Reihenfolge unternehmen, also von Berlin zu den Quellen.

Die praktischen Reisehinweise finden sich im Anhang, sie wurden vor Drucklegung nochmals aktualisiert. Sollte sich trotz aller Sorgfalt ein Fehler eingeschlichen haben, sind wir für einen Hinweis dankbar.

… und der Riese Sprejnik, der Herrscher über das Bautzener Land, nahm seinen gewaltigen Bogen, blickte Richtung Südosten, zu den Bergen der oberen Lausitz, und schoss zischend drei Pfeile in den Himmel. Und als man die Pfeile aus der Erde zog, da sprudelten drei Quellen aus dem Boden. Die Spree war geboren.

Erster Reisetag

Durch die Oberlausitz – von den Quellen zu den Türmen von Bautzen

Bautzen
Grubschütz
Humboldthain
Pommritz
Singwitz
Großpostwitz
Kirschau
Therme
Schirgis-
walde
Kälbersteine
Stausee
Tauben-
heim
Güttler-
büschl
365 m
Neusalza-
Spremberg
Spreepark
DEUTSCHLAND
SACHSEN
Sohland
an der Spree
Taubenberg
458 m
Wald- und
Erlebnisbad
Ebersbach
Kottmar
583 m
Quelle
Walddorf
Haine
Spreedorf
Quelle
TSCHECHIEN
Quelle
Eibau
Neugersdorf
Hutungsberg
474 m
Start/Ziel
Ortschaft
Highlight
Bahnhof
Spree
Radweg
Bundesstraße
Autobahn
10 km

Erster Reisetag

Durch die Oberlausitz – von den Quellen zu den Türmen von Bautzen

Schwierigkeitsgrad: anspruchsvoll aufgrund des Höhenunterschieds, aber auch für geübte Freizeitradler gut zu schaffen
Reine Fahrtzeit: 3,5 h
Länge: ca. 60 km
Höhenunterschied: ↑ ca. 375 m – ↓ ca. 655 m
Wegbeschaffenheit: überwiegend asphaltierte Radwege und Nebenstraßen, z. T. unbefestigte Wald- und Wiesenwege, z. T. Kopfsteinpflaster in den Ortschaften

Wer zur Kinderstube der Spree will, muss in die Oberlausitz reisen. Im Dreiländereck zwischen Polen, Tschechien und Deutschland beginnt die Spree ihre Wanderschaft, um sich rund 400 Kilometer später, nachdem sie Berlin durchflossen hat, in die Havel zu ergießen. Als Radfahrer reisen wir CO_2-freundlich mit der Bahn an und steigen in Dresden in den Zug Richtung Zittau (praktische Hinweise zur Anreise siehe Seite 236 ff.).

»Haltet ihr in Neugersdorf?«, rufen wir dem Zugführer zu.

»Müsst ihr da unbedingt hin?«, ruft es zurück.

Wir stutzen. *Unbedingt?* Wie meint er das? Aber klar, Coronazeiten!

»Unbedingt!«, rufen wir und steigen ein.

Eine gute Stunde später hält der Zug in Neugersdorf an einem eindrucksvollen Bahnhofsgebäude, das aber schon bessere Zeiten gesehen hat. Bevor wir uns auf den *Spree-Radweg* machen, am Zusammenfluss der drei Quellbäche, dem offiziellen Tourenstart, wollen wir die Quell-Drillinge besuchen, die über den *Spreequell-Radweg* miteinander verbunden sind. Wir fangen mit dem höchstgelegenen Geburtsort an und müssen dafür kräftig in die Pedale treten. Vor uns liegt ein erloschener Vulkankegel, der Kottmar.

Durch das idyllisch am Hang gelegene Walddorf, einen Ortsteil der Gemeinde Kottmar, geht es bald steil hinauf; hübsche, eigentümlich konstruierte Häuser fallen uns auf, hölzerne Bögen, aus denen freundliche Fenster schauen, rhythmisieren die Fassade. Ein Reh springt durch die weiten Gärten. Will es nachsehen, wo die Menschen stecken, jetzt, wo alles so seltsam ruhig geworden ist? Am oberen Rand des Dorfes führt der Weg in einen lichten Buchenwald hinein, Autos müssen stehen bleiben, Radfahrer aber dürfen passieren. Keine halbe Stunde haben wir vom Bahnhof gebraucht, schon sind wir an unserem ersten Ziel.

Die Vulkankegel der Oberlausitz: Geburtsstube der Spree

Die höchstgelegene Spreequelle, hübsch gefasst

Die Quelle am Kottmar

Eindrucksvoll ist das Quellbecken gefasst, mit Steinen, die man dem Berg entnommen hat. 1921 hat man die Umfassungsmauer errichtet; zur Erinnerung an die Gefallenen des Ersten Weltkriegs sind die Namen aller Orte in den Stein geschlagen, die Mitglied des Gebirgsvereins *Lusatia* waren – Lusatia, lateinisch für Lausitz. Fast scheint uns die Brunnenfassung etwas groß geraten für das zarte Rinnsal, das hier entspringt; ja, schon von »entspringen« zu reden, ist eine Übertreibung. Still, fast unbemerkt, quillt das klare Wasser aus dem kühlen Berg hervor ans Tageslicht.

Die Spree ist ein Kind des Vulkangesteins, anders als ihre Schwester, die Havel, das Eiszeitkind, das hoch im Norden von der Mecklenburgischen Seenplatte gen Süden eilt. Die

Havel wurde durch einen See geboren, die Spree durch einen Vulkan. Das Gestein des »Geburtshauses« der Spree hat dementsprechend besondere Eigenschaften: Es klingt, wenn man es anschlägt. Natürlich machen wir die Probe aufs Exempel. Mit dem Inbusschlüssel, der stets in unserer Radtasche steckt, schlagen wir verschiedene Steine an. Tatsächlich! Feine, helle Töne entlocken wir unseren Fundstücken, hübsch klingt es eine Weile nach. Wären sie aufeinander abgestimmt, könnte man ein Lied auf den Steinen spielen. Wie auf einem Xylophon oder einem Metallophon, ja, ein Lithophon ist es, ein Instrument aus klingendem Vulkangestein. »Phonolith«, Klingstein, nennen die Geologen die grünlich grauen Vulkansteinplatten auch.

Über kleine Treppen rinnt die Spree aus ihrem Geburtsbecken hinaus; als »Oberspree« wird sie an dieser Stelle auch bezeichnet, um sie von ihren beiden Quellschwestern zu unterscheiden.

Woher die Spree ihren Namen hat

War es tatsächlich Sprejnik (siehe Seite 11), der Riese, der Beschützer der Lausitz, dem zu Ehren die Menschen dem Fluss den Namen »Spree« gegeben haben?

Professionellere Namensforscher haben eine weniger sagenhafte Erklärung: J. B. Carpzov schrieb 1719, dass der Name Spree aus der deutschen Sprache stamme und »von Spreuen, oder Spröen, spagere, wie man sagt: es spreuet, oder es spröet« seine Herkunft habe. Die Spree, »die Sprühende« also.

Carpzov muss im Übrigen nicht nur schlaue Bücher gewälzt haben, er hat die Quelle auch besucht, denn er berichtet uns, dass die Hauptquelle nicht wie andere »bobert und aufsprudelt«, sondern »wie ein stiller und sanfter Regen ihr klares Wasser sachte und unbemerkt« weiterfließen lässt.

Die Spreequell-Sage
Hier, wo heute die Spree entspringt, gab es vor Zeiten moosbedeckte Felsen und üppige Blumenwiesen. Dies war zugleich das Reich des Zwerges Gerbod. Viele kleine Elfen behüteten den Wasserreichtum des Kottmars und neckten Gerbod mit ihrem Gesang. Doch des Zwerges Gelächter vertrieb die Elfen für immer. Erbost warf Gerbod einen Speer mit Wucht nach Südwesten. Der bohrte sich in den Boden und brachte eine neue Quelle hervor, deren Bächlein sich schon bald mit der Spree vereinte. Unweit dieser Quelle baute man später den Ort Gersdorf.
Angenehme Erholung wünscht die
MÜNCH-BRÄU EIBAU

So poetisch ist die Sprache ernsthafter Wissenschaftler einmal gewesen. Wie ein stiller und sanfter Regen lässt die Spree ihre Wasser fließen. Ein hübsches Bild.

Auf der anderen Seite des Vulkankegels entspringt ein Bächlein, das es zur Neiße und damit zur Ostsee zieht, während die Spree via Havel und Elbe die Nordsee wässert. Wir befinden uns an einer Wasserscheide. Der majestätische Buchenwald gibt dem Quellort ein besonderes Gepräge, ein nahezu magischer Anblick. Die Oberlausitz ist – wie ihre südlichen Nachbargebirge, das sudetische Isergebirge oder das Riesengebirge, Rübezahls Stammland – eine Region voller alter Geschichten; darum wundert es nicht, dass es auch rund um die Spreequelle sagenhaft zugeht. Wer will, kann auf dem *Sagenpfad* wandeln und sich von den Abenteuern der Berggeister, Zwerge und Riesen berichten lassen. (Die Spreequell-Sage haben Sie sicherlich schon auf der vorherigen Seite gesehen.)

Also aufgepasst: Ständig scheinen hier spitze Wurfgeschosse durch die Gegend zu fliegen, sei es der Riese Sprejnik oder der Zwerg Gerbod, die auf uns zielen. Gefährlicher aber noch ist die Abfahrt, die uns nun über Oberdorf zur nächsten Quelle zurück nach Neugersdorf bringt. Mountainbiker dürften ihre Freude an diesem steilen Waldweg haben, als vorsichtige Genussradler aber bremsen wir lieber ab.

Die Quelle in Neugersdorf

Die Quelle in Neugersdorf rühmt sich, die ergiebigste Quelle der Spree zu sein. Man findet sie passenderweise im Eingangsbereich des Volksbades. Ursprünglich befand sie sich wohl etwas weiter hangaufwärts, wie eine Infotafel berichtet. 1927 hat man das Volksbad umgestaltet, seitdem wird das Spreewasser durch eine Rohrleitung zum aktuellen Quellbecken geleitet. Wir blicken ins Becken, es plätschert silbern. Gülden aber glänzt auf einem Stein ihr Name: Spreequelle.

Ein kleiner Tipp (für Kinder *und* Erwachsene): Insbesondere an heißen Sommertagen lohnt ein Besuch des hübschen Volksbades, nicht nur wegen der Spreegeistrutsche. Doch auch im Winter hat das Volksbad geöffnet: Wird es knackig kalt, kann man dort Schlittschuhlaufen.

Bevor wir zur dritten Spreequelle radeln, machen wir noch eine Tour durch Neugersdorf. Hier fallen uns, wie schon in Walddorf, seltsam hübsche Häuser auf. Alle ähneln sie sich, und doch ist jedes auf seine Weise einzigartig. Was hat es mit diesen Häusern auf sich?

Das Quellbecken in Neugersdorf

Das Umgebindehaus

Wie es die Puppe in der Puppe gibt, so gibt es anscheinend auch das Haus im Haus. Aber wie kam es zu dieser seltsam anmutenden Konstruktion?

Die Sorben bauten sich hölzerne Blockhäuser, in ihnen herrscht eine gleichbleibende Luftfeuchtigkeit, optimal für die Weberei und empfindliche Stoffe. Den klimatischen Vorteil erkannten auch die in die Lausitz eingewanderten Deutschen, welche die Kunst des Fachwerkbaus beherrschten. Der Vorteil des Fachwerks wiederum ist, dass man aufgrund der besseren Statik in die Höhe bauen kann, während sich das Blockhaus auf das Erdgeschoss beschränken muss.

So entstand eine Kombination der beiden Architekturformen, als Kern das sorbische Blockhaus, in dem auch der Webstuhl stand, drumherum »gebunden« die elegante Fachwerkkonstruktion mit ihren charakteristischen Bögen, die das Dach oder den ersten Stock tragen.

Einen praktischen Vorteil sehen Forscher jedenfalls darin, dass sich die Erschütterungen der schweren Webstühle nicht auf das übrige Haus übertrugen, der Opa konnte im ersten Stock selig schlafen, während unten geklappert wurde und das Schiffchen durchs Gewebe schoss.

Umgebindehäuser stehen meist längs zur Straße, sind also traufständig. Die oft mit einem hübschen Stock gestaltete Haustür befindet sich in der Mitte des Hauses. Betritt man den Flur, geht es zur einen Seite in die südlich oder östlich gelegene Blockstube mit dem Wohn- und Arbeitsbereich, zur anderen Seite in den Wirtschaftsbereich mit den Stallungen und Speichern. Das Untergeschoss besteht oft aus gemauerten Feldsteinen.

Umgebindehäuser findet man auch in benachbarten Regionen, im Erzgebirge etwa, im Vogtland, in Niederschlesien oder in Nordböhmen. Nur in der Oberlausitz aber gibt es Ortschaften, die von Umgebindehäusern dominiert werden, solche historisch gewachsenen Hauslandschaften mit ihrem ganz besonderen Reiz. Wie man auf den Fotos (siehe Seite 24 f.) erkennt, wurden viele Umgebindehäuser liebevoll restauriert und erstrahlen heute wieder im alten Glanz.

Von der Weberei also hat man in Neugersdorf lange Zeit gelebt. Auch ein Altgersdorf hat es einmal gegeben, die Vorgängersiedlung; die hat allerdings ein trauriges Schicksal ereilt. 1306 erstmals urkundlich erwähnt, erhielt Altgersdorf etwas später den Beinamen »Bösengerhardsdorff«. Gerhard der Böse? Der feudale Hofbesitzer, ein Räuber? Oder lediglich einer in ungünstigen wirtschaftlichen Verhältnissen?

Altgersdorf wurde 1429 von den Anhängern der Lehre des Reformators Jan Hus zerstört, die von Böhmen aus in den Krieg zogen. Mehr als zwei Jahrhunderte blieb der Ort eine Wüstung. 1657 errichtete man dann eine neue Siedlung. Neugersdorf ist als Waldhufendorf errichtet worden, eine im Mittelalter in ganz Deutschland verbreitete Siedlungsform. Man gab ein Waldgebiet zur Rodung frei und teilte das Land entlang eines breiten Weges in gleichmäßige Parzellen. Nachdem die Bäume gefällt und die Wurzeln mühsam gerodet waren, errichteten die Siedler Höfe (»Hufe«) entlang der Straße und bewirtschafteten die länglichen Parzellen dahinter.

Ob die kargen Böden zu wenig hergaben? Man verlegte sich schließlich auf die Weberei und betrieb das traditionelle Handwerk, bis Mitte des 19. Jahrhunderts die Industrialisierung begann. Die Webmaschine, ein Meilenstein der Industriellen Revolution, veränderte das Leben fundamental. Die in den Umgebindehäusern in Heimarbeit produzierten Stoffe waren nicht mehr konkurrenzfähig, die Weber mussten sich von nun an in den Fabriken verdingen.

B.V.-
ARAL

Von einem »Weberaufstand« wie im benachbarten Schlesien aber wird nicht berichtet, man scheint sich in der Lausitz – nolens, volens – mit der Situation arrangiert zu haben. Mit den Fabriken kam jedenfalls der Bahnanschluss, Villen und Geschäftshäuser wurden errichtet. Neugersdorf bekam städtischen Charakter und hat heute an die 6.000 Einwohner.

In dem hügeligen Ort fallen nicht nur die Umgebindehäuser auf, Neugersdorf ist auch eine Stadt der Türme. An prominenter Stelle über der Stadt erhebt sich auf dem 474 Meter hohen Hutungsberg der Bismarckturm. Im patriotischen Rausch des 1871 entstandenen Deutschen Kaiserreiches empfand man auch in den Provinzen den Stolz über die neue nationale Größe und pflanzte zu Kaiser Wilhelms Zeiten auf jeden Hügel, der sich anbot, einen Bismarckturm; meist in wuchtiger Mittelalteroptik mit grob gehauenen Steinen, eine Reminiszenz nicht nur an den erfolgreichen Reichskanzler, sondern auch an das Heilige Römische Reich Deutscher Nation. 146 Bismarcktürme gibt es in Deutschland noch, das Thema wäre ein eigenes Buch wert.

Nachdem der Neugersdorfer Bismarckturm nach dem Ende des Zweiten Weltkriegs verfallen war, hat man ihn nach der Wende wieder saniert. An Sonn- und Feiertagen kann man von April bis Oktober zwischen 14 und 17 Uhr über Treppen die fünfzehn Meter nach oben erklimmen – und wird durch einen weiten Blick belohnt. Im Süden und Osten erheben sich das Riesengebirge mit der Schneekoppe, das Isergebirge, das Jeschkengebirge und das Zittauer Gebirge. Zu erahnen sind auch die fernen Höhen des östlichen Erzgebirges.

Der Bismarckturm steht fast an der deutsch-tschechischen Grenze, von der man lange so gut wie nichts mehr mitbekommen hat, deren Übergänge nun, zu unserem Besuch, aber schnell und provisorisch mit Flatterbändern gesichert

Vier markante Türme in Neugersdorf: Wasser-, Bismarck-, Feuerwehr- und Kirchturm (von links oben im Uhrzeigersinn)

sind, um dem Coronavirus das Leben schwer zu machen. Ob die Flatterbänder nützen? Wie fragil die Einheit Europas ist, in diesen Zeiten wird es leider deutlich. Kommt ein Virus geflogen, und nichts ist mehr, wie es war.

Der Bismarckturm ist im Übrigen nicht der einzige Turm Neugersdorfs. Die hübschesten von ihnen haben wir für Sie fotografiert, Sie haben sie vermutlich schon auf Seite 27 bemerkt.

Einer der größten Festtage in der Geschichte von Neugersdorf war ein Julitag im Jahre 1907. Friedrich August III. hatte seinen Besuch angekündigt, der König von Sachsen. Die Chronik berichtet: »Die Vereine, Schulen und Bewohner warteten seit 11 Uhr trotz starken Regens. Gegen 12 Uhr endlich verkündeten Signalschüsse das Nahen des Königs. Glockengeläut setzte ein, Böller donnerten, Musik spielte und unter Hochrufen bog das Königsautomobil in die Schillerstraße ein.« Die Stunde der Honoratioren begann, eine Begrüßungsansprache wurde gehalten, sogenannte Festjungfrauen überreichten ein prachtvolles Bukett. Und der König erwiderte, er sei gespannt, eine Stadt kennenzulernen, die sich eines Weltrufs erfreut. – Neugersdorf? Weltruf? Wie mag er das gemeint haben? Nun, die Textilien aus Neugersdorf wurden tatsächlich einmal in die ganze Welt verschickt. Entsprechend selbstbewusst waren die Neugersdorfer und jubelten Friedrich August III. zu.

Der letzte König von Sachsen wird als außerordentlich volksnah gerühmt. Gerne ging er abends in Zivil aus, um in einer Wirtschaft Skat zu dreschen. Als 1918 die Revolution ausbrach und er abdanken musste, soll er zu den Republikanern im schönsten Sächsisch gesagt haben: *So, so – na dann macht eirn Drägg alleene.*

»Und wo ist die Königin gewesen?«

»Traurige Geschichte, sie hatte aus Sachsen fliehen müssen.«

»Fliehen? Warum denn das?«

»Ihr Schwiegervater wollte sie für verrückt erklären lassen. Ihre Kinder durfte sie nie wiedersehen, nur das eine, mit dem sie schwanger war, das blieb bei ihr.«

Selbst Königinnen haben und hatten es also nicht immer leicht.

Die Spreeborn-Quelle

Weiter geht es nun Richtung Ebersbach, dem zweiten Teil der Doppelstadt Ebersbach-Neugersdorf, denn dort befindet sich – noch vor dem Ortsteil Spreedorf – die dritte Spreequelle. Ebersbach hat eine originelle Geografie, in seiner Mitte erhebt sich der weitgehend unbebaute Schlechteberg, die Ortsteile mit dem Hauptort gruppieren sich um den

Herren-Friseur sucht neues Styling

Berg herum. Auch Ebersbach war einmal ein Weberstädtchen, auch hier finden sich viele schöne Umgebindehäuser. Das ein oder andere wäre sogar noch zu erwerben, zum Beispiel der Friseurladen. Sind Sie handwerklich begabt? Dann retten Sie diese Perle vor dem Verfall!

Bei unserer Besichtigungsrunde kommen wir an einer Kerzenfabrik vorbei. Eine Kreidetafel am Werksverkauf zählt alle Kerzentypen auf, die hier erhältlich sind, sogar eine »Betriebsgründungskerze« findet sich im Sortiment. Hoffentlich wird sie stark nachgefragt, der Strukturwandel ist in diesem Zipfel der Republik noch lange nicht beendet. Ehemals hatten sich die Ebersbacher auf Teelichter spezialisiert, von hier aus wurde die ganze DDR erleuchtet.

Ein bunter Laden gleich nebenan lässt uns nochmals in die Bremsen steigen: *Heintze's Soft- & Kugeleis*. In bravem 1,5-Meter-Sicherheitsabstand stellen wir uns an. Ein Dreikäsehoch vor uns, der seiner Mutter nicht richtig zuhört,

wird prompt getadelt: »Du sollst dä Läffl uffschbärrn!«, dann reicht sie ihm sein Eis mit den Worten: »Duh dich nich besawwern!«

Jetzt sind wir dran. Soft- oder Kugeleis? Wir müssen uns entscheiden.

»Geht auch beides?«

Heintze macht's möglich! Es schmeckt köstlich.

»Vorsicht! Speisen to-go dürfen erst nach fünfzig Metern verzehrt werden. Is Vorschrift.«

Wir lachen. Nach fünfzig Metern ohne Zungeneinsatz ist die Hälfte des köstlichen Eises auf unsere Radlerhosen getropft.

Fünf Minuten später rollen wir über eine kleine Holzbrücke und gleiten in eine lauschige Parkanlage hinein. Vor uns erhebt sich ein schmiedeeiserner Pavillon. Die dritte Spreequelle liegt vor uns.

Nach künstlerischen Gesichtspunkten verdient diese Quelle die Goldmedaille. Die hier angebrachte Infotafel lässt auch mitklingen, dass zwischen den drei Quellen ein gewisses Konkurrenzdenken herrscht: *Die historische Spreequelle, die älteste, geschichtlich einwandfrei belegte Spreequelle. Weitere Quellen wie in Neugersdorf oder auf dem Kottmar wurden erst viel später als Spreequellen bezeichnet*, teilt man uns mit und beruft sich auf höchste Expertenmeinung, *1887 wurde dies durch Generalfeldmarschall von Moltke auf der Grundlage alter Militärkarten amtlich bestätigt.*

»Na, wenn's der alte Moltke gesagt hat …«

»… dann ist jeder Widerstand zwecklos.«

Bereits 1736 hat man der Quelle ein schützendes Häuschen spendiert, fünfzig Taler hatte der junge Alte Fritz gespendet; das Häuschen wurde morsch, wurde abgerissen, ein neues gebaut, wieder aus Holz, wurde morsch, wurde abgerissen … Dann gründete sich der *Spreequellenverein*, sammelte Gelder, und der schmucke Pavillon aus Gusseisen wurde

Alle Spreestädte und -länder vereint im Quellhaus Ebersbach

errichtet, mit den Wappen der Spreestädte und denen von Deutschland, Preußen, Sachsen und Österreich.

»Österreich? Deutschland, Preußen, Sachsen, lauter Spreeländer, okay. Warum aber Österreich?«

Wir wundern uns und schlagen nach. 1896 wurde der Pavillon errichtet, zur Zeit der Doppelmonarchie Österreich-Ungarn. Ein Riesenreich, zweifelsohne, mit dem Land Böhmen schob es sich gen Norden bis knapp an die Spreequellen heran, aber doch nur knapp.

»Vielleicht wegen 'ner Spende aus Wien?«

Das könnte des Rätsels Lösung sein. Sponsoren dürfen ihr Logo überall hinkleben.

Leicht melancholisch klingen die letzten Sätze der Infotafel: *Die Fabriken wuchsen und rückten näher. Das umliegende Land wurde mit Beton und Straßen bedeckt. Regenwasser konnte nicht mehr in den Boden eindringen, grundwasserführende Schichten wurden von Fundamenten durchdrungen. Die Wasserfülle und die Qualität des Spreeborns gingen durch unkontrolliertes Bauen für immer verloren.*

Wir schwingen uns wieder auf unsere Räder und folgen nun dem Symbol des *Spree-Radwegs*, der hier beginnt. Ein Weilchen diskutieren wir noch darüber, warum der Spreeborn ein schützendes Häuschen braucht.

»Darf doch ruhig hineinregnen. Ein Dach für eine Quelle, was soll denn das?«

»Um die Quelle nicht zu verwässern. Man soll doch über das Quellwasser staunen, nicht über Regenwasser.«

Spitzfindigkeiten. Die schönste und ergiebigste aller irdischen Quellen bleibt doch für immer das Himmelsnass.

Durch das Land der Vulkane

Parallel zur Spree und zur tschechischen Grenze geht's nun, um möglichst dicht am Spreeufer zu bleiben, eine Radweg-Variante entlang, südlich am Schlechteberg vorbei. Beim Ortsteil Philippsdorf zeichnet das junge Flüsschen die deutsch-tschechische Grenze nach, wird zum Grenzfluss, ja gerät dabei auch für einige Hundert Meter auf die böhmische Seite.

»Deshalb!«

»Deshalb was?«

»Deshalb das österreichische Wappen!«

»Wegen der paar Meter?«

Hinter Umgebindehäusern erheben sich kegelförmige Hügel, viele von ihnen, wie der Kottmar, sind durch heißes Gestein aus dem Erdinneren geformt worden; Vulkane, die Berge der Lausitz.

Die Lausitz

Der Name »Lausitz« kommt aus dem Sorbischen und bedeutet so viel wie »sumpfige Wiesen«. Die Spree half dem ehemals völlig durchnässten, von den Eiszeiten durchtränkten Land das Wasser aufzunehmen und abzuführen, unterstützt wurde sie dabei von ihrer Schwester, der Neiße, dem heutigen Grenzfluss zwischen dem polnischen und dem deutschen Teil der Lausitz. Man sieht: Die Lausitz ist eine internationale Dame, ist es immer schon gewesen.

In den Zeiten, als die Völker wanderten, suchten sich germanische Hermunduren in der Lausitz neue Weidegründe, um später, zusammen mit vielen assimilierten Ur-Lausitzern, nach Thüringen zu ziehen. In das entstandene Vakuum drangen nun von Osten slawische Stämme ins Land, die Sorben; mit ihnen begann eine faszinierende Geschichte. Wie Ebbe und Flut im steten Wechsel kommen und gehen, so überwogen in der Lausitz mal die deutschen, mal die sorbischen Einflüsse.

Von unrühmlichen Ausnahmen abgesehen, haben sich Deutsche und Sorben, in der Niederlausitz auch »Wenden« genannt, in aller Regel respektiert; nur wenige Regionen Europas können auf eine solch spannende, seit Jahrhunderten bestehende Koexistenz zweier Völker auf engem Raum zurückblicken, was für die Toleranz der Lausitzer spricht. Von den Sorben wird in diesem Buch noch manches zu berichten sein und auch von ihren Leiden während der NS-Zeit.

Die Lausitz teilt sich auf in die landschaftlich so unterschiedlichen Gebiete Niederlausitz und Oberlausitz, nie ist sie ein einheitlicher politischer Raum gewesen. Preußen, Sachsen, Schlesier, Böhmen und Polen hatten hier das Sagen, die politischen Grenzen wurden immer wieder neu und quer durchs Land gezogen, kriegsbedingte Vertreibungen und Neuansiedlungen machten Neuanfänge notwendig.

Nach dem Fall des Eisernen Vorhangs aber wächst wieder

zusammen, was – nicht nur nach Willy Brandt – zusammengehört. Der schlesische Teil Polens, der böhmische Teil Tschechiens und der deutsche Teil der Lausitz, der wiederum aus sächsischen und brandenburgischen Gebieten besteht, verflechten sich immer mehr, man besinnt sich auf gemeinsame Traditionen und sieht besonders im zunehmenden Tourismus die Chance auf eine gemeinsame Zukunft.

Spreetal. Original Oberlausitzer Gaststätte. Wir ignorieren das lockende Wirtshausschild, in Zeiten, in denen nicht alles aufhat, kommt man eben schneller voran. Rechts gleitet ein eindrucksvolles Fabrikgebäude vorbei, mit Steinmetzarbeiten an der Schauseite, geschätzt aus den 1920er-Jahren. Damals hatten Fabrikanten noch mit Architektur beeindrucken wollen, heute geht's meist nur darum, möglichst billig zu bauen.

Die Oberlausitz: weite Blicke, (zurückhaltend) stolze Berge

Die ehemalige Blumenfabrik, ein Zeichen blühender Industriekultur

»Ist mal die Oberlausitzer Blumenfabrik gewesen.« Schöner Gedanke! Lauter Blumen von der Spreequelle, verschickt in alle Welt. Schade nur, dass die Papierblumen nicht geduftet haben dürften. Obwohl, mit dem passenden Parfüm besprengt …

Nun knickt der Radweg ab und führt uns zu einer Spreebrücke, sehr gebogen und sehr blau, »Blaues Wunder« nennt sie sich tatsächlich auch, will wohl ihrer berühmten Elbschwester Konkurrenz machen. Wir schütteln leicht belustigt den Kopf, steigen aber dennoch ab, um zu fotografieren. Eine Doppelseite dieses Buches soll mit Spreebrücken gefüllt werden, das haben wir schon sehr früh auf unserer Reise beschlossen. Welches wohl die hübscheste sein wird? (siehe Seite 224 f.)

Nun ist der Hauptort westlich des Schlechtebergs erreicht. Auch Ebersbach besitzt einen stolzen Bahnhof, dazu eine Kaffeerösterei mit Kaffeemuseum und eine barocke

Saalkirche mit einemprachtvollen Orgelprospekt. Doch der *Spree-Radweg* führt uns schon wieder zum Ort hinaus, hinauf zum Ortsteil Haine. An der Fassade eines unscheinbaren Hauses fällt uns eine Gedenktafel auf: *Zur 100. Wiederkehr seines Geburtstages dankt die Heimat dem unvergessenen Maler und Graphiker Prof. Paul Sinkwitz, der hier am 29. März 1899 geboren wurde.*

Paul Sinkwitz

Ein alter Weber, der sich von seiner harten Arbeit erhoben hat, ein junger Weber, der sich erschöpft auf der Ofenbank ausruht, ein Bauer, der mit Schwung das Korn mäht: schlichte, aber eindrucksvolle Holzschnitte, die vom Leben in der Oberlausitz zeugen, gut hundert Jahre her.

Als Sohn eines Textilhändlers hat der 1899 geborene Paul Sinkwitz die Arbeit der Weber genau studieren können und bildete sich nach dem Besuch der Volksschule als Zeichner und Lithograf an der Graphischen Kunstanstalt von Ebersbach aus. Sein Talent wurde erkannt. Nach schlimmen Erlebnissen als junger Soldat im Ersten Weltkrieg bekam er ein Stipendium seiner Heimatstadt, studierte in Leipzig und Dresden an den Akademien. Geprägt von einer zutiefst christlichen Überzeugung und seiner ländlichen Heimat wurde er schließlich zum Wandervogel und nahm alltägliche Motive in den Fokus: eine Mutter, die ihr Baby füttert, singende Knaben, eine betende Frau. Hinzu kamen Gemälde und Aquarelle von Landschaften, mit besonderer Liebe auch von den heimatlichen Bergen. Dem jungen Künstler wurde höchste Anerkennung gezollt, 1931 erhielt er einen Lehrauftrag an der Kunstgewerbeakademie Dresden. Paul Sinkwitz verliebte sich in die Musikerin Gertrud Toffl, sie heirateten und blieben sich ein Leben lang innig verbunden, drei Töchter und ein Sohn wurden ihnen geschenkt.

Düster aber war auch für sie die Zeit im Nationalsozialismus. Als die Nazis die Macht übernahmen, wollten sie mit ihrer Ideologie das ganze Land und seine Kultur beherrschen, auch und gerade die modernen Künste waren ihnen suspekt. Hitler, der verhinderte Maler, und seine Konsorten sprachen von »entarteter« Kunst, sie wollten die Akademien von allem säubern, was nicht dem entsprach, was sie unter dem arischen Geistesideal verstanden. Paul Sinkwitz war entsetzt. Entschlossen stellte er sich vor seine Studenten, vor alle, deren Herkunft und politische Einstellung dem System verhasst waren. So machte er sich die Nazis zu Feinden, sie bedrängten und bedrohten ihn, wollten ihn kaltstellen, doch Paul Sinkwitz ließ sich nicht einschüchtern und blieb seiner Haltung treu. Bald galt er als »politisch unbelehrbar«; um ihn loszuwerden, schickte man ihn in den Krieg. Im Feuersturm der Dresdner Bombennächte wurde sein Atelier zerstört.

Nach dem Krieg arbeitete er als freier Künstler. Im leidenden Christus und in den verfolgten Propheten erkannte er die Opfer von Tyrannei und Willkürherrschaft. Holzschnitte von ergrei-

Paul Sinkwitz: Selbstporträt und Weberstube

fender Eindringlichkeit entstanden, auch Kirchenfenster und Wandmalereien. 1955 siedelte die Familie nach Stuttgart um, Paul Sinkwitz arbeitete wieder als Professor, an der »Höheren Schule für das Deutsche Malerhandwerk«.
Im Alter zog er in die Nähe seiner geliebten Alpen, am 15. Juni 1981 starb er in Bad Tölz. Was bleibt, ist sein Werk – besonders seine Holzschnitte sind von zeitloser Eindrücklichkeit. Über das Holzschneiden schrieb er: »Jeder Holzstock, den ich zur Hand nehme, kommt mir vor wie ein Acker, in dem ein Schatz vergraben liegt, den es zu suchen und zu heben gilt.« Paul Sinkwitz hat viele Schätze gehoben.

»Aus grauer Städte Mauern, ziehn wir durch Wald und Feld …« Auch wir werden nun zu Wandervögeln. Der Radweg führt uns hinaus ins Grüne, ins Freie, die Landschaft hügelt sich lieblich, wir müssen fest in die Pedale treten, werden aber für unsere Mühen durch schöne Fernblicke belohnt. Die Spree mäandert friedlich durch das Tal, ein idyllischer Feuchtwald grüßt am Wege, ein See mit schwankendem Rohr, dann, mitten in den Wiesen, ein Freibad, auf Gäste sehnsüchtig wartend.

Kirchturmspitzen tauchen im Westen auf, verraten die nächste Ortschaft, die wir bald erreichen: Neusalza-Spremberg.

Neusalza-Spremberg und der Spreepark

Ein hübsches Städtchen, dessen Kopfsteinpflaster uns ordentlich durchrüttelt.

Die Zusammenlegung zur Doppelstadt 1920 soll nicht einfach gewesen sein, die reicheren Spremberger hatten lange pikiert auf die ärmlichen Nachbarn hinuntergeschaut, schließlich aber hat man sich doch geeinigt. Sehenswert sind

Hinter Ebersbach: Naturidylle und Freizeitspaß im Wald- und Erlebnisbad

auch die Kirchen und das Reiterhaus, eines der malerischsten Umgebindehäuser der Lausitz. »Reiterhaus« heißt es nach einer Figur an der Hauswand. 1874 hatte die zwanzigjährige Tochter des Hauses das Ritterstechen auf der Kirmes von Lauba gewonnen und den Preis stolz mit nach Hause gebracht. Das Haupthaus wurde bereits 1670/71 erbaut, einzig aus Materialien der Gegend: Feldsteine, Holz, Lehm und Stroh. Glücklichen Umständen ist es zu verdanken, dass es kaum verändert wurde. Nur ein Anbau kam hinzu, und das Strohdach musste einem Schilfdach weichen, sonst blieb alles beim Alten. Perfekte Bedingungen für ein Museum: Die Geschichte der Umgebindehäuser wird hier genauso erklärt wie die Kunst, aus Flachs Leinwand herzustellen.

Wir aber müssen uns auf die Outdoor-Sehenswürdigkeiten beschränken, wobei wir das Wort »beschränken« gleich wieder streichen wollen, erwarten uns doch ziemlich einmalige Erlebnisse.

Am Rand von Neusalza-Spremberg verbirgt sich ein wahres Idyll. Wir folgen dem Hinweis »Spreepark«, der sich südlich vom Reiterhaus erstreckt. Wer unter einem Park eine vom Menschen gestaltete Landschaft versteht, der irrt in diesem Fall. Der Baumeister dieses Parks ist die Spree selbst gewesen. In Zigtausenden von Jahren hat sie sich in das Tal gekerbt, hat ihr Bett selbst geschaffen, in wilder Ursprünglichkeit. Ein schmaler Weg führt uns am Westufer entlang, von den Seiten eilen kleine Bäche herbei, mächtige Gesteinsbrocken zerklüften den Flusslauf. Einer von ihnen trägt den Namen »Teufelsfelsen«. Gotthelf, der Schäfer des Ritters vom Gut Oberspremberg, soll hier bei Vollmond genächtigt haben, als ihm der Leibhaftige erschien. Am nächsten Mor-

Neusalza-Spremberg: oben rechts das Reiterhaus

gen fand man Gotthelf ohnmächtig wieder. Beim nächsten Vollmond verabredete sich der Hirte mit einem Freund, gemeinsam schlich man um Mitternacht in den Spreepark zur Teufelskanzel und sprach bebend ein Gebet, worauf sich ein furchtbares Getöse erhob und ein teuflisches Lachen erschallte – dann war Ruhe. Seitdem hat in Spremberg niemand mehr etwas vom Teufel gesehen (unseres Wissens).

»Gelungener Fall von Exorzismus.«

»Man darf's dem Teufel nicht zu einfach machen.«

Geschichten über Geschichten, wie schon gesagt: eine wahrlich magische Gegend. Wir können nicht umhin, unsere Füße ins Spreewasser zu tauchen. Auch einen Schluck von dem über die Steine sprudelnden Wasser nehmen wir. Es schmeckt, wie gutes Wasser schmecken muss. Einfach nur nach Wasser.

Auch unser nächstes Ziel hat eine mythische Dimension, wiewohl zugleich eine durchaus praktische. Auf der anderen

Uferseite der Spree, jenseits der B 96, soll auf einem bewaldeten Hügel, dem Güttlerbüschl, ein steinerner Amboss liegen, auf dem einst Thor, der germanische Blitzeschleuderer, seine Waffen geschmiedet haben soll. Die Felsen sind, so sagt man, keine zufällig aufeinandergetürmten Findlinge, sondern haben in grauer Vorzeit kultischen und frühwissenschaftlichen Zwecken gedient, möglicherweise liegt darunter ein hohes Tier aus der Steinzeit begraben. Thors Amboss zählt zu den Sonnenheiligtümern der Oberlausitz und wird auch »die steinerne Himmelsscheibe von Neusalza-Spremberg« genannt. Kleine Lichtöffnungen zwischen den Felsen lassen zu bestimmten Zeiten die Strahlen der Sonne passieren. Zur Sonnenwende im Winter und Sommer sowie zu den Anfängen von Frühling und Herbst, zur Tagundnachtgleiche also, haben Archäoastronomen Beobachtungen angestellt und auch einiges darüber publiziert.

»Stonehenge an der Spree!«

Wir finden aber keinen Hinweis, weder auf Thor noch auf seinen Amboss, und fragen deshalb entgegenkommende Spaziergänger nach dem Weg. Diese zucken bedauernd die Schultern, sie kommen nicht von hier. Aus der Thujenhecke aber spricht es plötzlich zu uns – im schönsten Sächsisch. Ein freundlicher Anrainer erklärt uns den Weg, der allerdings für Radfahrer etwas kompliziert ist, sodass wir doch lieber auf eigene astronomische Forschungen verzichten. 400 Meter südöstlich liegen außerdem die »Schmiedesteine«, erklärt man uns noch durch die Hecke, eine Felsengruppe aus Granit, die einmal als Kulisse für eine Naturbühne gedient habe. Sicher interessant, doch wir müssen es heute noch nach Bautzen schaffen, also aufgesessen.

Ein kurzes Stück geht es nun an der B 96 entlang, die wichtigste Bundesstraße durch die Lausitz und treue Spreebegleiterin von der Quelle bis Berlin. Sechsmal kreuzt sie die Spree, fünfmal als Brücke und einmal als Tunnel. (Wer der

B 96 über Berlin hinaus treu bleiben will, kommt in Mecklenburg nahe an der Havelquelle vorbei und kann bis nach Sassnitz weiterfahren, die Kreidefelsen von Rügen bestaunen.)

Taubenheim – das Sonnenuhrendorf

Als Radfahrer aber bevorzugen wir eine entschleunigte Form der Fortbewegung und knicken von der Bundesstraße ab. Auf der Weiterfahrt nach Taubenheim kommen wir am nördlichsten Zipfel Böhmens vorbei, wie ein kleiner Finger bohrt sich Tschechien hier in die Lausitz. An diesem Ort befand sich auf tschechischer Seite einst die hübsche Gemeinde Fugau, ein Weberdorf mit Kirche und einigen Gasthöfen.

Das Ende von Fugau

Am 23. September 1960 wurden die Taubenheimer Bürger aufgefordert, ihre Fenster und Türen zu öffnen. Dann ertönten jenseits der Grenze ohrenbetäubende Explosionen, die Fugauer Kirche stürzte ein, alle Häuser wurden in Schutt und Asche gelegt. Fugau existierte nicht mehr. Vielen Augenzeugen wird es das Herz gebrochen haben.
Die damalige tschechoslowakische Regierung unter Edvard Beneš vertrieb nach dem Zweiten Weltkrieg die deutschstämmigen Sudeten aus ihrer Heimat, so auch die Fugauer. In der Hoffnung, bald wieder in ihr Dorf zurückkehren zu dürfen, hatten viele im nahen Taubenheim Zuflucht gesucht. Das Dynamit hat ihre Hoffnungen aber endgültig zerstört. Manche Fugauer haben in den umliegenden Dörfern eine neue Heimat gefunden, andere sind, wie so viele Sudetendeutsche, in den Westen, darunter viele nach Bayern.

»Gut, dass die Grenzen heute wieder offen sind.«

»Außer, es kommt ein Virus geflogen.«

»Das fliegt schon wieder davon.«

Taubenheim liegt friedlich in einem weiten grünen Tal. Auf einer kleinen Anhöhe erhebt sich die Kirche, ein Schild klärt uns über ihre wechselhafte Geschichte auf. Bewegend ist ein Steinrelief, das man an der Außenmauer angebracht hat, der sogenannte Sechs-Kinder-Stein.

Drei Engel schweben mit ausgebreiteten Flügeln über den Häuptern von je zwei der Kleinen. Einer ist ein Schutzengel, ein anderer ein Todesengel, der dritte war nur zur Hälfte erfolgreich: drei der sechs Kinder starben früh. Erschreckend hoch ist die Kindersterblichkeit einmal gewesen, nicht alles war gut in den oftmals so bezeichneten »guten alten Zeiten«.

Zu Fuße des Kirchbergs erstrecken sich die Reste eines Schlossparkes, ein kleiner Obelisk erinnert an einen gewissen Hans Heinrich von Zezschwitz, der 1730 die Rittergüter von Ober- und Niedertaubenheim erwarb. Singend radeln wir weiter: »Ob er aber über Obertaubenheim oder aber über Untertaubenheim oder aber überhaupt nicht herrscht, ist nicht gewiss …«

Ungewiss ist auch, woher der Name Taubenheim kommt. Variante a) Der nahe Taubenberg stand Pate. Variante b) Die Siedlung wurde von fränkischen Siedlern aus dem Taubertal gegründet. Variante c) Ein adeliger Herr aus Taubenheim bei Meißen ließ sich im 12. Jahrhundert hier nieder und gab dem Ort seinen Namen.

Die Frühlingssonne scheint aufs Schönste, perfekte Bedingungen für die 38 historischen Sonnenuhren, die in Taubenheim die Zeit beschatten. Wer will, kann auf dem markierten Sonnenuhrenweg durch Dorf und Umgebung spazieren. Dabei kommt er in der Nachbargemeinde Oppach an einem Haus vorbei, in dem am 9. April 1850 einer der größten Musiker des Spreetals geboren wurde, Hermann Zumpe. Kein Geringerer

Der Sechs-Kinder-Stein an der Kirche Taubenheim

als sein sächsischer Landsmann Richard Wagner hat die Karriere des jungen Musikers befördert, indem er ihn nach Bayreuth berief. Als Leiter von zahlreichen deutschen Orchestern machte sich Zumpe einen Namen, besonders in München, wo er im August 1901 das neuerbaute Prinzregententheater mit den *Meistersingern aus Nürnberg* eröffnete und zum Neuorganisator des Münchner Musiklebens avancierte. Richard Wagner stand am Anfang von Zumpes Karriere, tragischerweise auch an dessen Ende: Mit nur 53 Jahren erlag der Taubenheimer während der Wagner-Festspiele einem Herzanfall.

»Ich sag ja, Wagners Musik ist nicht ungefährlich. Selbst Lenin, der harte Brocken, soll am Rande eines Nervenzusammenbruchs gestanden haben, als er im Münchner Exil *Tristan und Isolde* hörte. Zur Pause musste er von Weinkrämpfen geschüttelt die Oper verlassen.«

»Zu Risiken und Nebenwirkungen fragen Sie Ihren Arzt oder Trompeter.«

Als wir an einer Abzweigung anhalten, um uns zu orientieren, kommen wir mit einem älteren Herrn ins Gespräch, der sich auf einer Parkbank niedergelassen hat. Er spricht einen lustigen Dialekt, so richtig Sächsisch aber klingt es nicht. Er lacht, als wir ihm das sagen.

»Wir sprechen, wie's iebern Knurpl rullt.«

Da müssen auch wir lachen. Hoffentlich rullt es dem netten Herrn noch lange über den Knurpl.

Durch grüne Wiesen gleiten wir aus dem Sonnenuhrendorf hinaus. »Mach es wie die Sonnenuhr, zähl die heiteren Stunden nur.«

Die nächste Siedlung trägt dagegen den leicht pessimistischen Namen »Neusorge«. Mit den »Altsorgen« haben wir doch bereits genug zu tun, wer braucht da neue Sorgen?

Sohland und die Himmelsbrücke

Rasch sind wir weitergeradelt, das Ortseingangsschild von Sohland grüßt uns schon, eines der größten Dörfer Sachsens; es hat beinahe 7.000 Einwohner. Auch in Sohland schmeicheln viele schöne Umgebindehäuser dem Auge, eines davon beherbergt das kleine Heimatmuseum, auch ein Forstmuseum gibt es, dazu ein Rathaus im Jugendstil und im Dorfzentrum ein Schloss im klassizistischen Stil. 1747 erbaut diente es nicht nur als Adelswohnsitz, sondern zwischenzeitlich auch als Flüchtlingsheim, Tuberkuloseheilanstalt und als Schwangerenerholungsheim. Aktuell steht es leer und wartet auf gute Ideen.

Das vielleicht schönste Bauwerk aber ist die historische Brücke über die Spree, die Himmelsbrücke. Warum sie diesen Namen trägt, versteht man, wenn man sie passiert. Sie ragt so steil nach oben, dass man über ihr nur noch den Himmel sieht. Ein geschickter Architekt hat sie so konstruiert, dass der Druck der gemauerten Steine von den Uferböschungen abgefangen wird, wozu ein starkes Widerlager notwendig gewesen sein muss.

Aber aufgepasst! Wer über die Brücke geht und sich unterhält, muss streng bei der Wahrheit bleiben. Eine Lüge, auf der Himmelsbrücke erzählt, bringt sie zum Einsturz, und das wäre doch wirklich schade. 1796 wurde der steinerne Lügendetektor als Ersatz für eine alte Holzbrücke geschaffen. Wir steigen nun zu ihr hinauf. Oben angekommen beugen wir uns über die Brüstung und sehen hinunter.

»Wetten, dass es dir nicht gelingt, in die Spree zu spucken?«

»Warum nicht?«

Die Himmelsbrücke von Sohland

»Weil dort unten nur noch der Dorfbach fließt. Das Bett der Spree hat man 1947 verlegt.«

Eine Spreebrücke ohne Spree. Was es alles gibt!

»Wu bei dr Spraa de Arlnsträucher stiehn
Und die Butterblum'n uff dr Wiese blühn,
Do steigt de Brücke über's Woasser drüber,
a schmoaler Waig gitt noa Windschsohland nüber.«

So beschrieb der Heimatdichter Hermann Klippel die Himmelsbrücke. »Spraa« also heißt die Spree im Lausitzer Dialekt. Auch im Englischen hat die Spree Spuren hinterlassen. »Spread your wings and fly away« – Spreize deine Flügel … Und auch der in Coronazeiten oft zitierte »Superspreader« erinnert an die Spree: Spreader = Verteiler. Wie die Spree, die ihre Wasser auf so viele Arme verteilt.

Nach wenigen Radminuten halten wir erneut. Vor uns erstreckt sich, idyllisch von bewaldeten Hängen gesäumt, ein hübscher See. Der Stausee Sohland ist ein schönes Beispiel dafür, wie sich der Mensch damit beschäftigen kann, von ihm geschaffene Probleme zu beseitigen, um dadurch sogleich das nächste Problem zu gebären. Weil man den Spreelauf bei Taubenheim und Fugau zu Beginn des 20. Jahrhunderts stark regulierte – wobei »regulieren« der reinste Euphemismus ist, eigentlich müsste man von »deregulieren« sprechen – schoss bei anhaltendem Regenwetter die Spree ungebremst zu Tal und richtete mit ihren Hochwassern flussabwärts große Schäden an. So beschloss man, den Lauf der Spree durch eine Talsperre zu bremsen. Mit Spaten und Schippen bewaffnet begannen Männer vom Reichsarbeitsdienst 1937 damit, einen achtzig Meter breiten und vier Meter hohen Damm zu errichten. Bald füllte sich der See, und die Sohlander begannen, ihn als Bootsteich zu nutzen. Seine ursprüngliche Funktion aber, das Hochwasser zu speichern, verlor sich bald. Die Spree hatte es sich anders überlegt und nutzte den Stausee für einen gänzlich anderen Zweck, nämlich dafür, ihr Geschiebe abzulagern, die natürlichen Sedimente und – mehr noch – die vom Menschen eingeleiteten. Das Ergebnis stank zum Himmel. Alle paar Jahre musste der Dreck ausgebuddelt und abtransportiert werden. Schließlich war man die Sisyphusarbeit leid. Im Jahr 2001 grub man der Spree ein neues Bett und ließ sie am See vorbeifließen. Der Stausee wird jetzt noch durch einen kleinen Bach gespeist, was dem Seewasser guttut und auch den Nasen der Besucher, die es sich in der Ufergaststätte und auf den Grill- und Spielplätzen gefallen lassen. Auch der Eisvogel, der hübsche, soll sich hier wieder blicken lassen.

»Warum heißt er eigentlich Eisvogel?«

»Gibt verschiedene Erklärungen. Die traurigste besagt, wenn er im Winter untertaucht, gerät er manchmal unter die Eisfläche und kommt nicht mehr heraus. Dann findet man ihn tot ins Eis gebacken.«

»Furchtbar! Das arme Tier.«

Für Wanderer und Sportkletterer hat man einen Hinweis auf die Kälbersteine angebracht, ein Felsmassiv oberhalb des Sees mit riskanten Routen. Die Sohlander Archäoastrologen von der Sternwarte »Bruno-H.-Bürgel« erforschen, ob es sich bei den Felsen um ein weiteres prähistorisches Sonnenheiligtum handeln könnte, spezielle Sichtöffnungen lassen die Sonnenstrahlen zu den Sonnenwenden passieren.

Schirgiswalde – Österreich in der Lausitz

Nun geht es durch den ergrünenden Wald an einem Hang über der Spree entlang, funkelnd eilt sie tief unter uns über Stromschnellen, munter wie ein Gebirgsbach in den Alpen, ein besonders schöner Streckenabschnitt.

Stausee Sohland – in der heißen Jahreszeit sehr erfrischend!

Dann taucht durch das Geäst der hohen Buchen ein Kirchturm auf – Schirgiswalde; fünf Minuten später rollen wir über die Spreebrücke. Ein hübscher Marktplatz, Umgebindehäuser, aufwendig mit Schiefer verkleidete Geschäfte mit Laubengängen, ein Nasenschild mit altem Zunftzeichen, aufsteigend die Straße am Stadtbach, über die sich in gewaltiger Höhe eine Bogenbrücke spannt.

Schirgiswalde hat eine sehr spezielle Geschichte: Als 1635 die Lausitzen dem Kurfürsten von Sachsen übertragen wurden, verblieb Schirgiswalde bei Böhmen und damit unter österreichischer Krone, eine katholische Insel in sächsischen Gefilden. Der König von Sachsen, mit Napoleon gegen Österreich verbündet, besetzte Schirgiswalde 1810, jedoch wurde die Stadt erst 1845 vertraglich sächsischer Grund und Boden.

»Die Lausitzen – sagt man das so?«

»Oberlausitz + Niederlausitz = die Lausitzen.«

Eine seltsame Pluralbildung. Hat man in Bezug auf das geografische Gebiet schon mal von »den Bayern« gehört, wenn man Niederbayern und Oberbayern meint? In der Lausitz ist eben alles etwas anders.

Schirgiswaldes Jahre im »politischen Nirwana«, zwischen 1810 und 1845, sollte man jedenfalls verfilmen. Ohne höhere Ordnungsmacht muss der Ort ein Eldorado für Schmuggler und andere Outlaws gewesen sein.

Schirgiswalde, lebe wohl! Auf dem Weg nach Kirschau, der Schwesterstadt, wählen wir die Variante entlang der Straße und kommen an eindrucksvollen Villen vorbei. Wieder zeigt sich, das grüne Spreeland ist schon lange auch Gewerbeland gewesen, von den Quellen an. Die Fabrikantenvillen scheinen von den Vorgängern der Firma Meiko erbaut worden zu

Schirgiswalde – ein Ort mit bewegter Geschichte

sein, deren Produktionsstätten wir auf der linken Straßenseite liegen sehen. »Rund um den Erdball für eine saubere Welt«, lautet Meikos Slogan. Wo Gotthelf August Friese ab Mitte des 19. Jahrhunderts Grobgarn herstellen ließ, dann Packleinwand und Scheuertücher und sehr begehrte bunte Schlafdecken, werden heute alle Arten von Reinigungstüchern hergestellt. Kein schlechtes Geschäftsmodell in Coronazeiten. Es gibt immer auch Krisengewinner.

Kirschau – wo die heißen Quellen sprudeln

In Kirschau dominiert der Badebetrieb das Ortsbild, die *Körse Therme*, das größte Solebad Ostsachsens. In dem heißen Wasser aus der Tiefe lässt es sich bestimmt prima entspannen, »aber das Fahrrad, das rollt«. Körse – der Name stammt von einer alten Burganlage, welche auf dem hohen Felssporn bei Kirschau die Handelswege bewachte. Heute zeugen nur noch ein paar Ruinen von dem einstigen Ausmaß der Festung, der größten weit und breit. Wie es heißt, hausten zuletzt Raubritter dort oben, die immer wieder die Händler überfielen. Zum Schicksal aber wurde ihnen ein Verteidigungsbündnis der besonderen Art.

Der Sechsstädtebund

Unter dem Segen Kaiser Karls IV., der ein Herz für seine böhmischen Provinzen hatte, zu denen damals auch die Lausitz zählte, schlossen sich im August 1346 sechs Oberlausitzer Städte zu einem Bündnis zusammen: Bautzen, Görlitz, Kamenz, Lauban, Löbau und Zittau. Vereint sind wir stark, dachten sich die Sechs, und tatsächlich erlebten die Städte eine lange Blütezeit. Nicht nur, dass man den Rittern von der Burg Körse das Räuber-

Fabrikantenvillen in Kirschau – die Körse-Halle wird als Veranstaltungszentrum genutzt, nebenan befindet sich die Körse-Therme

handwerk legte, dreißig weitere Burgen zwielichtiger Adelsgesellen wurden ebenfalls ruiniert.

Die Beratungen der Bündnispartner wurden in aller Regel im zentral gelegenen Löbau abgehalten. Beim anschließenden Umtrunk füllte man den stattlichen Konventspokal mit drei Flaschen Wein, sodass keiner durstig nach Hause reisen musste. Man entwickelte ein ausgeklügeltes Botensystem, half sich bei verwaltungstechnischen Fragen, beim Kampf gegen die zunehmend selbstbewussten Zünfte, die mehr Rechte beanspruchten, und entwickelte eine eigene Gerichtsbarkeit. Missstimmung gab es wohl nur, wenn es um das Braurecht ging und um das Meilenrecht, das festlegte, wer wo welche Wirtschaft im Umland mit Bier beliefern durfte. Dann wurde auch mal der Degen gezückt.

Man gewann an Selbstvertrauen und hatte sich so sehr an die verliehenen Souveränitätsrechte gewöhnt, dass man glaubte, 1547 dem böhmischen König Ferdinand I. die Gefolgschaft verweigern zu können. Der König war naturgemäß nicht amüsiert und ließ dies die sechs Städte auch spüren. Sie verloren einige Ratsdörfer, mussten Strafzahlungen leisten und, was noch schmerzlicher war, sie mussten auf das Recht verzichten, ihren Rat selbst zu wählen.
Dennoch, der Bund rappelte sich wieder auf und machte weiter, immerhin bis ins Jahr 1815. Dann fielen Görlitz und Lauban an Preußen, und der Bund fand nach fast 500 Jahren sein Ende. Doch nicht für immer! Im Juni 1991 trafen sich die Stadtspitzen der Sechs erneut im Löbauer Rathaus, um den Bund feierlich zu erneuern. Es geht nicht mehr darum, Raubritter zu jagen, die gemeinsame Förderung von Kultur und Tourismus ist nun das Ziel.

»In Löbau ist noch jetzt der hübsche Pokal mit den Stadtwappen zu bewundern, sieht aus wie eine überdimensionierte Pilstulpe.«

»Hör auf! Mir klebt jetzt schon die Zunge am Gaumen.«

»Durchhalten. In Bautzen wartet was Feines auf uns.«

Eine architektonisch interessante Kuppelkirche im Jugendstil steht am Fuße des steilen Kirschauer Berges, ein weiblicher Engel trauert vor der Treppe um die Toten. Das Altarbild der Johanneskirche, von einem Dresdner Künstler geschaffen, wird sehr gelobt, leider aber sind die Türen bei unserem Besuch versperrt.

Von Großpostwitz nach Obergurig

Bald wird es grün und immer grüner. Lieblich schlängelt sich die Spree durch saftige Frühlingswiesen, begleitet von erblühenden Uferbäumen.

Über das nächste Ortschild müssen wir lachen: Großpostwitz.

»Erzähle mir einen Postwitz, klein oder groß, ganz egal.«

»Ein Postwitz? Okay, hör zu: ›Na, mein Söhnchen, was wird denn das?‹ ›Ich schreib Eva einen Brief.‹ ›Aber du kannst doch noch gar nicht schreiben.‹ ›Eva kann ja auch noch nicht lesen.‹«

Mäßig witzig, ich geb's zu, auf keinen Fall großpostwitzig. Postwitz ist eine ehemals sorbische Ortschaft, in der noch bis 1968, dem Todesjahr des letzten sorbischen Pfarrers, slawisch gepredigt worden ist. Warum sich das Sorbische verlor? Weniger aufgrund von Repressionen der deutschen Regierenden, andere Gründe scheinen eine wichtigere Rolle gespielt zu haben. Ein Völkerkundler beobachtete bereits 1874, dass manch Postwitzer Bauer mit seinen Deutschkenntnissen regelrecht geprahlt hätte. Deutsch war schick. Und notwendig, wenn man Karriere machen wollte, denn auf den Universitäten rundherum wurde nun mal Deutsch gesprochen.

Denkwitz, Eulowitz, Spreewitz – es witzelt überall. Die Endung »witz« ist slawischen Ursprungs und verweist auf den Gründer eines Ortes oder auf deren Bewohner, ähnlich wie die Endung »ingen« in Süddeutschland. Postwitz besitzt eine stattliche Kirche und unten an der Spree Relikte einer stolzen Mühle. Was mag man an den Ufern der Spree alles gemahlen haben? Getreide natürlich, Weizen, Roggen, Hafer und Gerste, aber auch Sägemühlen werden in der waldreichen Lausitz gekreischt haben, bis man mit den Mühlen mittels Transmissionsriemen auch andere Maschinen angetrieben hat und dann Generatoren zur Stromproduktion.

Krabat

Eine der bekanntesten Mühlen der deutschen Jugendliteratur hat sich ebenfalls in der Lausitz gedreht, in Schwarzkollm, einem Dorf bei Hoyerswerda. Unheimlich wurde es dort, wenn zur nächtlichen Stunde ein teuflischer Mann vorfuhr, um Knochen mahlen zu lassen, dann ging's den zwölf Mühlknappen und selbst dem Meister dreckig. Der Müllermeister war ein Zauberer und lehrte seine Burschen neben der Müllerei auch die Schwarze Magie.
Jedes Jahr aber kam einer der Knappen bei einem mysteriösen Unfall zu Tode, sonst hätte der Müllermeister selbst sein Leben lassen müssen. Wehe aber, jemand wollte fliehen! So sehr er auch rannte, er landete immer wieder an der verdammten Mühle. Erlösung kam schließlich – Achtung Spoiler – durch ein Mädchen, die Kantorka. Mühelos erkannte sie ihren geliebten

Krabat unter den zwölf Raben, in welche der Zauberer die Müllerburschen verzaubert hatte. Das spannende Buch hat Otfried Preußler nach einer alten sorbischen Sage verfasst.

»Was wurde aus der schwarzen Mühle?«

»Nachdem die Kantorka ihren Krabat geküsst hatte, ging die Mühle in Flammen auf. Alle Burschen hatten ihre Freiheit wieder, waren aber nicht mehr des Zauberns mächtig.«

»Macht oder Liebe, manchmal muss man sich entscheiden.«

»Die Liebe ist der mächtigste Zauber.«

»Und der gefährlichste.«

»Wem sagst du das.«

Die historische Mühle von Schwarzkollm ist im Übrigen tatsächlich abgebrannt, man hat sie nach dem Erfolg von *Krabat* aber wiederaufgebaut. Wer will, kann den *KRABAT-Radwanderweg* abfahren oder Krabat im Freilichttheater besuchen, wir aber folgen brav dem Lauf der Spree. Vor uns beginnt es bald gelb zu leuchten, ein riesiges Feld voller blühender Senfpflanzen, Nachschub für die berühmte Bautzner Senffabrik. In Obergurig halten wir an einer hübschen steinernen Brücke.

Die Böhmische Brücke

Lange holte man sich nasse Füße, wenn man an dieser Stelle über die Spree wollte: Eine Furt quert sich nicht immer angenehm, vor allem nicht im Winter. Auch war die »Furt des Danibor«, wie dieser Ort genannt wurde, nicht ungefährlich. So zimmerte man sich eine Holzbrücke, welche jedoch immer wieder zerstört wurde, besonders bei Eisgang. 1724 beschloss man, Nägel mit Köpfen zu machen, und errichtete eine hoch-

Die Böhmische Brücke von Obergurig

gewölbte Steinbrücke, die in zwei Bögen über die Spree führt; der eine Bogen lässt das Normalwasser passieren, der andere das Hochwasser. »Böhmische Brücke« wird das Kunstwerk genannt, weil über sie der Böhmische Steig führt, der alte Handelsweg von Bautzen nach Prag, im Volksmund auch »Salzstraße« genannt. Der Spree-Radweg zeichnet das letzte Stück der Handelsroute nach, von Sohland über Schirgiswalde bis nach Bautzen.

Wir stehen ein Weilchen und bewundern das schöne Brückenwerk, das man aus Feld- und Bruchsteinen gemauert hat.

»Lange hielt sich das Gerücht, als Mörtel hätte man Quark und Ochsenblut verwendet.«

»Und?«

»Die Dresdner Uni hat's untersucht, nichts als Sand und Kalk aus der Umgebung.«

Sand und Kalk, den Veganer wird's freuen. Heute darf man nur noch zu Fuß oder mit dem Rad über die Brücke, alle anderen müssen über die neu erbaute Ersatzbrücke flussabwärts.

Auch Obergurig ist eine slawische Gründung und zwar eine ziemlich alte, 1272 wurde Obergurig bereits urkundlich erwähnt.

Durch die Schluchten der Spree

Singwitz, das nächste Dorf, bekommt von uns das Prädikat der lustigsten aller Spreegemeindenamen. Wie aber spricht

Ein Witz folgt hier dem nächsten

man den Namen nur auf Sorbisch aus? Alle Ortsschilder sind hier zweisprachig, eine schöne Geste. Das Land Sachsen hat sogar ein eigenes Sorbengesetz erlassen, dessen ergreifende Präambel im Folgenden gekürzt wiedergegeben wird.

Das Sorbengesetz (Präambel)

In Anerkennung des Willens des sorbischen Volkes, das in der Nieder- und Oberlausitz seine angestammte Heimat hat und seine Sprache und Kultur bis in die heutige Zeit bewahrt hat, seine Identität auch in Zukunft zu erhalten,
unter Berücksichtigung der Tatsache, dass die Sorben außerhalb der Grenzen der Bundesrepublik Deutschland keinen Mutterstaat haben, der sich ihnen verpflichtet fühlt und Sorge für den Schutz und die Bewahrung ihrer Sprache, Kultur und Überlieferung trägt,
im Bewusstsein, dass der Schutz, die Pflege und Entwicklung der sorbischen Werte sowie die Erhaltung und Stärkung des sorbisch-deutschen Charakters der Lausitz im Interesse des Freistaates Sachsen liegen,
in Erkenntnis, dass das Recht auf die nationale und ethnische Identität sowie die Gewährung der Gesamtheit der Volksgruppen- und Minderheitenrechte keine Gabe und kein Privileg, sondern Teil der universellen Menschen- und Freiheitsrechte sind, [...]
beschließt der sächsische Landtag das folgende Gesetz.

Besonders interessant ist der Passus über die Volkszugehörigkeit: *Zum sorbischen Volk gehört, wer sich zu ihm bekennt. Das Bekenntnis ist frei. Es darf weder bestritten noch nachgeprüft werden. Aus diesem Bekenntnis dürfen keine Nachteile erwachsen.* Also: Sorbe zu werden, ist nicht schwer. Das Bekenntnis reicht aus. Wie oft wird es noch ausgesprochen werden?

Leicht und elegant windet sich die Spree durch die Auen. Dann zweigt wieder ein Mühlgraben ab, zwei Fabrikgebäude, ehemalige Mühlen vermutlich, kontrastieren miteinander, das eine modernisiert und schick, das andere malerisch verfallen.

Schmal und schmäler wird nun das Tal, Bergwände wachsen zu beiden Seiten des Ufers in die Höhe, rücken immer näher an die Spree heran. Dann sehen wir nackte Felswände, imponierend-wuchtige Gesteinsformationen, durch horizontale und vertikale Klüfte wie von Riesenhand in quaderförmige Blöcke zerlegt.

Wie hat es die Spree geschafft, sich durch dieses Hindernis zu wühlen? Wir halten an und besehen uns die Felsen genauer. Was ist das für ein Gestein? Was ist seine Geschichte?

Die Spree sorgt(e) für Energie und Arbeit

Granodiorit

Ein riesiger Kuchen, gebacken in den Tiefen der Erde. Das Rezept: Man nehme Feldspat, Quarz und Glimmer, als Würze ein paar mafische Minerale, Hornblende und Biotit, und füge nach Gusto noch ein paar Mineralien mehr hinzu. Die Mischung lasse man dann in großer Hitze schmelzen (Thermostat auf 960 Grad einstellen), in den Magmakammern eines Vulkans, mehrere Kilometer unter der Erdkruste. Dann stelle man die Ofenuhr auf 300 Millionen Jahre und schalte die Temperatur allmählich herunter. Schrittweise kristallisieren die Minerale nun aus, die Restschmelze enthält zunehmend mehr Silikat, der Kuchen wird heller und heller. Bevor er aber endgültig zum Granit wird, müssen wir ihn aus dem Ofen ziehen: Fertig ist der Granodiorit. Vorsicht jedoch! Nicht die Zähne dran ausbeißen. Der Granodiorit ist äußerst hart. Man kann ihn sägen und polieren, richtig hübsch sieht er dann aus; »Marmor Claudianus« haben ihn die alten Römer deshalb genannt.
Sie planen einen Hausbau? Treppenstufen oder Fassadenverkleidungen aus dem Spreegestein – sehr edel, das wird Eindruck machen. Auch der Kunst dient das Lausitzer Gestein. Der Brunnen am Neuen Rathaus in Dresden etwa stammt aus dieser Gegend, »Lausitzer Granit« nennt man ihn hier. Und in Berlin stiefelt man ständig auf ihm herum: Die Bürgersteine sind mit ihm belegt, freundliche, helle Platten.

»Feldspat, Quarz und Glimmer, diese drei vergess ich nimmer.«

»Goethe?«

»Ne, ne, Doc-Mü, unser alter Erdkundelehrer, sein Merksatz für die Zusammensetzung des Granits.«

»Oder des Granodiorits.«

»Schlaumeier!«

Granodiorit – Schlucht vor Bautzen

Wie mag es das Gestein, das doch mehrere Kilometer tief in der Erde geboren wurde, an die Oberfläche geschafft haben? Ist die Erdkruste der Lausitz aufgebrochen oder hat die Spree die Deckschichten weggespült? Viele Geheimisse gilt es noch zu lösen. Die Spree jedenfalls kann stolz von sich behaupten, hartnäckig wie ein Gebirgsfluss eine Schlucht geformt zu haben.

Ein warnendes Transparent am Wegesrand fordert uns nun auf, für den Erhalt der Idylle zu kämpfen. Die geplante Südumfahrung von Bautzen soll das Spreetal an dieser Stelle mit einer 220 Meter langen Brücke schneiden. Wäre tatsächlich schade!

Bei Grubschütz, an einem Prallhang gelegen, zerstörte ein Hochwasser 2010 die Uferstraße, über Wochen war auch der *Spree-Radweg* unpassierbar. Hinter Grubschütz schlägt die Spree einen weiten Bogen nach Osten und umschmiegt dabei einen wildromantischen Landschaftsgarten, den Humboldthain, die größte Parkanlage Bautzens. Hier gefundene Feuersteine werden dem Steinzeitmenschen zugeschrieben, desgleichen schnurverzierte Urnen, Halsringe wiederum dem Menschen aus der Bronzezeit. Wallanlagen und Reste einer Burg gehen auf die alten Slawen zurück, aus jüngerer Zeit stammen ein ausgegrabener Backofen und ein überwuchertes Waldtheater. Man sieht, der Hain hat immer schon seine Liebhaber gefunden, nun ist es die Bautzener Joggerszene. Der mit uralten Buchen und Eichen bewaldete Hang wird steil und steiler, schließlich kapitulieren wir und steigen ab. Für diesen Park sollte man sich Zeit nehmen.

Weniger idyllisch, versteckt hinter den hohen Bäumen, geht es am rechten Spreeufer zu. Dort werden Zugwaggons gebaut. Ende 2019 ging ein neues Testzentrum in Betrieb, das parallel drei 120 Meter lange Züge prüfen kann. Bautzens Waggonbaugeschichte reicht bis ins Jahr 1846 zurück. Die Eisengießerei- und Maschinenwerkstatt von Petzold &

Center trieb ihre Maschinen noch mit der Wasserkraft der Spree an. Besonders für den Bau elektrischer Straßenbahnwaggons waren die Bautzener berühmt.

Die Türme von Bautzen

Vor uns erheben sich die Türme von Bautzen. Es ist schon Abend geworden, in warmes Licht getaucht ist der hohe Felsen, auf dem die Stadt erbaut worden ist. Der Radweg aber führt zum Ufer der Spree hinunter, durch ein mittelalterliches Stadttor. Steil wachsen die Felsen rechts von uns in die Höhe, tragen das Plateau, auf dem die Stadt liegt, aber auch auf dem linken Spreeufer geht's rasant in die Höhe. Wir rollen durch einen Canyon. Kurz darauf haben wir unser Quartier erreicht. Die *Spree-Pension* liegt unmittelbar am Flussufer, ein Biergarten, eine grüne Wiese, und schon steht man am Wasser und betrachtet das Stadtpanorama, das von dem Bogen der gigantisch hohen Friedensbrücke eingerahmt wird.

Etwas misstrauisch betrachtet uns der Wirt. Sehen so Geschäftsreisende aus? Verschwitzt auf dem Fahrrad, mit Strohhut und Satteltaschen?

»Recherchereise für ein Buch«, sagen wir wahrheitsgemäß, worauf er schmunzeln muss. Er scheint uns nicht recht zu glauben. Der Wirt ist zugleich Brauer, zum Glück hat er für Übernachtungsgäste noch ein Fässchen am Schlauch hängen, wir lassen uns den Willkommenstrunk schmecken. (Allen, die sich wegen der Verpflegung entlang des *Spree-Radwegs* Gedanken machen sollten: keine Sorge! Restaurants und Einkehrmöglichkeiten finden sich überall entlang der Strecke, auch Metzgereien, Bäckereien und Cafés für den kleinen Hunger.)

Nun geht's hinauf ins nächtliche Bautzen zu einem ersten Erkundungsspaziergang. Still liegen die mittelalterlichen

Bautzen – ein Diamant an der Spree

Gassen im Licht von Mond und Sternen, als würden sie von alten Zeiten träumen. Auch uns überkommt die Müdigkeit. Ab in die Falle! Die Fenster unseres Hotelzimmers führen zur Spree hinaus, friedlich plätschert sie uns in den Schlaf …

Bautzen by night – die Anstrengungen haben sich gelohnt
Unten: Einblick ins Deutsch-Sorbische Volkstheater

Alte Wasserkunst, Ortenburg und beim Rathaus am Hauptmarkt
(siehe auch Seite 75 ff.)

Zweiter Reisetag

Von Bautzen nach Spremberg

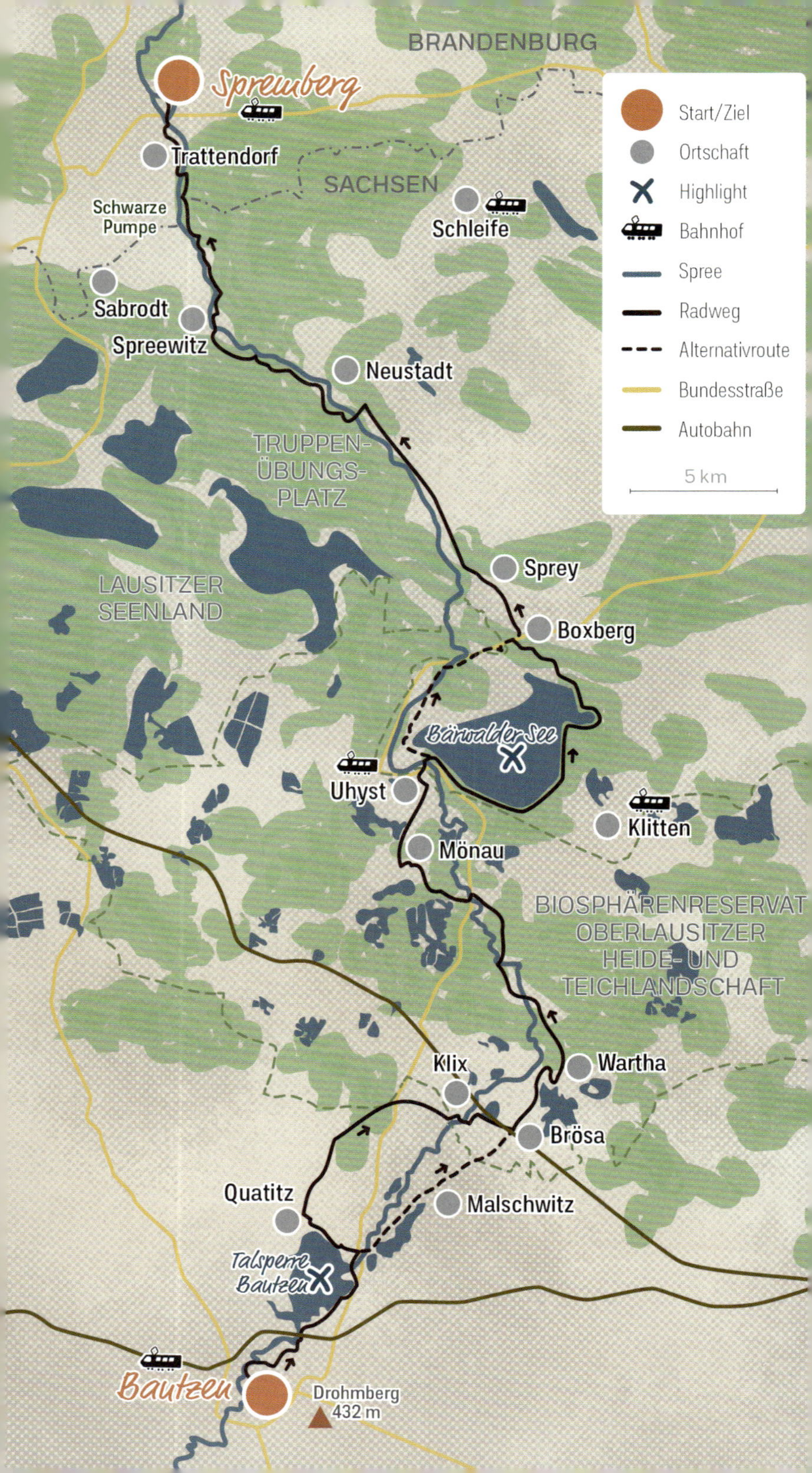
BRANDENBURG
Spremberg
Trattendorf
SACHSEN
Schleife
Schwarze Pumpe
Sabrodt
Spreewitz
Neustadt
TRUPPEN-ÜBUNGS-PLATZ
LAUSITZER SEENLAND
Sprey
Boxberg
Bärwalder See
Uhyst
Klitten
Mönau
BIOSPHÄRENRESERVAT OBERLAUSITZER HEIDE- UND TEICHLANDSCHAFT
Klix
Wartha
Brösa
Quatitz
Malschwitz
Talsperre Bautzen
Bautzen
Drohmberg 432 m
Start/Ziel
Ortschaft
Highlight
Bahnhof
Spree
Radweg
Alternativroute
Bundesstraße
Autobahn
5 km

Zweiter Reisetag

Von Bautzen nach Spremberg

Schwierigkeitsgrad: mittel
Reine Fahrtzeit: 5 h
Länge: ca. 74 km
Höhenunterschied: ↑ ca. 310 m – ↓ ca. 410 m
Wegbeschaffenheit: gut ausgebaute Radwege, ruhige Nebenstraßen, wenige unbefestigte Wege

Ein Stadtspaziergang durch Bautzen

Dürfen wir Sie, bevor wir in den Sattel steigen, noch zu einem Spaziergang durch Bautzen einladen? Wir werden Sie nicht enttäuschen, versprochen, Bautzen zählt zweifellos zu den schönsten mittelalterlichen Städten Deutschlands. Nirgendwo kann man schöner türmen gehen. Allein der Aufstieg zur Stadt ist ein Erlebnis. Es ist, als ob man ein italienisches Bergdorf erklimmt, steile Treppen, gemauerte Bruchsteine mit blühenden Mauerblümchen in den Ritzen, und hoch über uns wächst ein Turm neben dem anderen in den Himmel. Im Zickzack gelangen wir zu einer der sieben Basteien der Stadt, die Mönchsbastei. Im Kriegsfall konnte man das Bollwerk durch einen Verbindungsgang erreichen und den Feinden tüchtig was auf den Pelz brennen. Die Verteidigung der Stadt fiel an diesem Eck den Mönchen zu, daher der Name.

»Aber in der Bibel steht, du sollst auch deine Feinde lieben!«

»Schon. Aber erst, wenn sie sterbend ihre Waffen strecken.«

An der Bastei vorbei gelangen wir zu einem malerischen Platz. Am mauergefassten Rand, wo der Felsen steil zum Spreetal abfällt, erhebt sich ein mächtiger Turm, dessen Fundamente am Spreeufer ruhen. Der Turm trägt den geheimnisvollen Namen »Alte Wasserkunst«; er diente nicht nur der Stadtverteidigung, sondern zugleich auch der Wasserversorgung. Ein raffiniertes System: Man staute die Spree mit einem Wehr und trieb mit der Strömung ein Wasserrad an, das wiederum eine Anlage in Gang setzte, die das Spreewasser durch lange Rohre (zunächst hölzerne, später eiserne) in die Höhe pumpte, immerhin fast fünfzig Meter. Oben wurde das Wasser in einem Sammelbehälter gespeichert und mittels kommunizierender Röhren in den fünf Meter niedriger liegenden Brunnen auf dem zentralen Fleischmarkt geschickt. Maschinenhaus und Aussichtsplattform der »Alten Kunst« können besichtigt werden.

Lust auf eine hübsche Legende? Als die »Alte Wasserkunst« fertiggestellt war – ein hölzerner Vorgänger 1496, die steinerne Variante 1558 – und alles auf dem Fleischmarkt auf das erste Wasser wartete, war die Enttäuschung groß. Kein Tropfen kam aus der Leitung. Der Ingenieur, ein Mönch, floh vor Scham aus der Stadt. Auf dem nahen Drohmberg träumte ihm, ein Frosch stecke in der Leitung. Am nächsten Tag sah man nach und tatsächlich: Da quakte doch etwas! Man entfernte den Rohrobstipierer, und siehe da, das Wasser begann fröhlich zu plätschern.

Im Laufe des fortschreitenden Mittelalters wurde Bautzen auf dem Immobilienmarkt immer beliebter, sodass es bald einer weiteren, einer neuen »Wasserkunst« bedurfte, die man auf der anderen Seite der Stadt errichtete.

Der zweite Turm am Platz gehört der Michaeliskirche. Um 1450 im spätgotischen Stil erbaut, ist ihr ausgemaltes Gewölbe noch weitgehend original erhalten. Ursprünglich lag der gesamte Platz vor der Stadtmauer, was sich die Hussiten zunutze machten, um von hier aus Bautzen anzugreifen. Als

Alte Wasserkunst und Michaeliskirche

die Mauern schon zu fallen drohten, aber kam vom Himmel herab ein Engel mit Schwert geflogen, Sankt Michael. Der unerwarteten Luftwaffe waren die Hussiten nicht gewachsen und türmten. Aus Dank, so heißt es, hätten die Bautzner dem heiligen Michael diese Kirche gebaut. Als das Land Böhmen, zu dem die Lausitz eine Zeit lang gehörte, den evangelischen Christen im Jahr 1619 gestattete, ihren Gottesdienst auf Sorbisch zu halten, machte man die Michaeliskirche zu ihrer Pfarrkirche. Heute noch kann man einmal im Monat einen Gottesdienst in sorbischer Sprache feiern.

Kein Bildband über Sachsen, in dem das Ensemble der beiden Türme nicht vorkommt, die Wahrzeichen der Stadt, und auch in diesem Buch dürfen sie natürlich nicht fehlen.

Fleißige Hände haben einen *Kräuter- und Naschgarten* an den Kirchenmauern angelegt, und auch an die Kinder denkt man: Auf einer Leiter stehen zwei Maler, die ein neues Klettergerüst mit rotbraunen Farben streichen. Dazu dröhnt aus einem Radio »Whatever you want, whatever you like …«

»AC/DC?«

»Ne, ne, ich glaube, die Stones.«

Egal. Mit Musik geht alles besser. Nun steigen wir eine breite Treppe hinauf. Auf die Stufen hat jemand mit Kreide eine Botschaft gemalt: »Christus ist auferstanden«. Rechts ums Eck herum ein kleiner Laden, in dem eine ganz besondere Köstlichkeit angeboten wird, auch eine eigene *Senfstube* gibt es.

Bautz'ner Senf

Die Geschichte des berühmen Bautz'ners reicht bis ins Jahr 1866 zurück. Die Senffabrik florierte in der Gründerzeit, überlebte das Kaiserreich, das Nazi-Regime und als volkseigener Betrieb auch die DDR.

Ein Grillfest in Ostdeutschland ohne Bautz'ner ist vorstellbar, aber sinnlos. Wie beschrieb Prinz Philip treffend das Verhältnis zu seiner Frau, der Queen? »Ich bin der Senf auf dem Würstchen!« Eine Wurst ohne Senf, was für eine grausame Vorstellung.

Den Bautz'ner Senf gibt es in vielen Varianten und Verpackungen, für den Nostalgiker kommt nur die mittelscharfe Variante infrage, die aus dem blauen Becher. Pro Jahr verkaufen sich davon an die 25 Millionen Stück. Wenn man das auf die Würstchen umrechnet!

Im Osten bleibt der Bautz'ner trotz westlicher Konkurrenzprodukte der unangefochtene Marktführer, aber auch in Bayern, Westfalen oder im Schwabenland hat er seine Verehrer. Das würzige Allylsenföl, die leichte Anmutung von Meerrettich, seine unaufdringliche Farbe! Viele der Senfkörner reifen in der

Lausitz, den Essig produziert man ebenfalls selbst. Gäbe es eine Bautz'ner-Senf-Aktie, wir würden sie sofort kaufen!

»Aus dem blauen Becher löffeln wir …«

Kurz darauf grüßt das nächste Turmensemble. Das stolze Rathaus zeugt bis heute vom einstigen Reichtum der Stadt, imponierend ist sein Uhrenturm mit verstecktem Türkenkopf. Diesen hat man, wenn man der Sage glaubt, aus Angst vor dem Vordringen des türkischen Heeres im 17. Jahrhundert anbringen lassen. Im Hintergrund erhebt sich der Turm des Doms St. Petri.

Auf dem Brunnen am Rathausplatz steht Ritter Dutschmann. Es heißt, der Ritter habe geprahlt, mit seinem Pferd über den Brunnen zu setzen, und sei dabei hineingefallen. Seinem steinernen Zwilling wiederum hat man 1855 den

Das schärfste Lokal an der Spree

Rathaus und im Hintergrund der Turm des Doms

Brunnen unter den Füßen weggerissen, weil er dem Verkehr hinderlich gewesen sei. Damit der steinerne Dutschmann nicht ebenfalls ins Brunnenloch fiel, hat man den Ritter auf einen Sockel am Rathaus gestellt. 1985 durfte er dann auf den neu errichteten Brunnen zurückkehren. Vielleicht ist Dutschmann aber gar nicht Dutschmann, sondern Roland, der Beschützer der Stadtrechte, so wie die Rolande in Bremen oder Brandenburg, wer weiß, immerhin hält er das Stadtwappen in der Hand.

Nun wird's vornehm. Vom Rathausplatz führt die Reichenstraße zum Reichenturm. Zweifeln Sie nicht an Ihrer Wahrnehmung, Sie haben keinen Knick in der Optik, der Reichenturm ist tatsächlich ziemlich schief. Man hat ihn jedoch so weit stabilisiert, dass man unbesorgt hinaufkann. An der Ostseite ist ein Relief des böhmischen Königs Rudolf II. zu bewundern, der es sogar zum Kaiser gebracht hat.

»Wächst das Geld zu einem Turm, wächst mit dem Geld des Geldes Wurm.«

»Shakespeare?«

»Nö. Lausitzer Volksmund.«

Auf dem Wochenmarkt besorgen wir uns zwei Äpfel als Proviant. Der nächste Turm liegt gleich nebenan am Buttermarkt. »Wendischer Turm« heißt er, weil in diesem Stadtviertel die Sorben (siehe auch Seite 34f. und 61) lebten.

Den weißen, schlossähnlichen Anbau hat Gottfried Semper entworfen, eine schönere Kaserne lässt sich nicht denken. Semper ist es auch zu verdanken, dass der Wendische Turm nicht abgerissen worden ist. Man hätte ihn auch »Armenturm« nennen können, wurden in dem fensterlosen Gebäude doch Menschen eingesperrt, die Privatinsolvenz anmelden mussten.

Wendischer Turm und Semper-Kaserne

Neben den großen Bauten gibt's auch viele schöne Details zu entdecken

Auch die Schauseiten der hübsch herausgeputzten Häuser Bautzens laden zum Verweilen ein. Eine Reihe von Details haben wir zu einer kleinen Collage zusammengestellt.

Vor dem Schaufenster eines kleinen Buchgeschäfts bleiben wir stutzend stehen. Dort liegt tatsächlich bereits ein Buch mit dem Titel *Corona*, was uns umso mehr erstaunt, als es sich bei dem Buchladen um ein Antiquariat handelt.

Bautzen ist der Zeit voraus. Nun haben wir den Dom erreicht, bunte Eier schmücken den Brunnen auf seinem Platz. St. Petri ist eine der seltenen Simultankirchen Deutschlands und zugleich deren älteste und damit ein leuchtendes Beispiel für frühe Ökumene. Evangelische und katholische Christen nutzen ihn bis heute gemeinsam. Bautzen gehörte zum 968 gegründeten Bistum Meißen, einem der wichtigen Bistümer zur Mission der Slawen. Für eine kurze Zeit ist

Bautzen sogar Zentrum eines eigenen Bistums auf Probe gewesen. Als das luthertreue Sachsen die Reformation einführte, wurde einzig den Katholiken der Lausitzen die Ausübung ihres Glaubens noch gestattet, unterstand ihr Land doch als böhmisches Lehen weiter dem Kaiser – und der war katholisch. Echter Bischofssitz wurde Bautzen 1921, als das Bistum Meißen neu geschaffen wurde. Mit der Umbenennung in »Bistum Dresden-Meißen« im Jahr 1979 wurde der Stuhl des Bischofs nach Dresden in die Katholische Hofkirche transportiert, St. Petri aber bleibt Konkathedrale.

Betritt man das Kircheninnere, tut man sich schwer, die zentrale Achse des Hauptschiffs auszumachen. Ist der Reichenturm schief in der Vertikalen, so der Dom in der Horizontalen. Im Chorraum feiern die Katholiken ihre Gottesdienste, im Hauptschiff die Protestanten. Wo früher ein

In Bautzens Dom: lichter Glanz

hoher Lettner die beiden Bereiche trennte, hängt nun ein verbindendes Kreuz aus Acrylglas, in dem sich prismatisch die Sonne bricht. Auch andere Details des Doms sind sehenswert. Im katholischen Teil: ein Kruzifix von Balthasar Permoser, dem genialen Hofbildhauer Augusts des Starken (unter anderem geht auch der Figurenschmuck des Zwingers auf den gebürtigen Bayern zurück), das mit Schnitzereien verzierte Chorgestühl und der Marienaltar im südlichen Chorumgang. Im evangelischen Teil sollte man unbedingt den Abendmahlsaltar bewundern, aber auch die modernen Kirchenfenster lohnen.

Auf Bänken im linken Seitenschiff sind Bitten für die Coronazeit ausgelegt: *Wir spüren, dass wir unser Leben nicht selbst in der Hand haben. Darum vertrauen wir uns dir an.*

Wir stecken eine Kerze mit einem original Riesa-Zündholz an. Die Streichholzmarke gibt es noch, nicht aber die

Eingang zur Domschatzkammer

Fabrik im gleichnamigen Elbstädtchen, 1992, kurz nach der Wende, musste sie ihre Produktion einstellen.

Wir sind am Ende unseres Domrundgangs angekommen und treten wieder ins gleißende Sonnenlicht.

»Wenn der Dom orgelt, soll's schlechtes Wetter geben, sagt der Bautzener.«

»Wie bitte?«

»Wenn Wind aufkommt, fängt die Fassade zu pfeifen an.«

Wir hören nichts und sind beruhigt. Im schönsten Sonnenschein gehen wir jetzt zum ältesten Teil der Stadt hinüber. Dabei kommen wir noch an der Domschatzkammer vorbei, in der prächtige Kunstwerke aufbewahrt sind. Hinein dürfen wir leider nicht, doch auch von außen macht das Haus Freude, und in regulären Zeiten hat es – bei freiem Eintritt – von Montag bis Freitag sowie am ersten Samstag im Monat geöffnet.

An der *Bautzener Senfstube* gehen wir standhaft vorüber, und selbst wenn wir schwach geworden wären, gegen Corona kommt der schärfste Senf nicht an. »Happy wife, happy life«, steht an einer benachbarten Tür geschrieben. Da mag was dran sein. Ob auch König Matthias Corvinus (1443–1490), der in Stein gemeißelt an seinem gleichnamigen Turm thront, vor dem wir nun stehen, eine »happy wife« gehabt hat?

Mit nur vierzehn Jahren war Matthias zum König von Ungarn erwählt worden, und er ließ sich, nachdem er Teile des Landes, so auch die Lausitzen, unter seine Herrschaft gebracht hatte, zum (Gegen-)König von Böhmen ausrufen.

Matthias Corvinus, dem sogar das Kunststück gelang, Wien von den Habsburgern zu erobern, ist zweimal verheiratet gewesen. Glück war seiner ersten Frau Katharina leider nicht beschieden, nach der Todgeburt ihres ersten Kindes starb auch sie, gerade mal vierzehn Jahre alt. Und auch Matthias' zweite Frau, Beatrix von Aragón, außergewöhnlich ge-

König Matthias von Ungarn

bildet und belesen, scheint mit Matthias nicht das große Los gezogen zu haben. Die Ehe blieb kinderlos, nicht aber eine außereheliche Affäre ihres Mannes, und als Matthias seinen illegitimen Sohn Johann testamentarisch zu seinem Nachfolger machen wollte, setzte Beatrix alles daran, Herrscherin zu bleiben. Hierzu verhalf sie dem Polen Vladislav II. auf den Thron, im Gegenzug musste dieser ihr die Ehe versprechen. Doch wieder wurde es nichts mit dem Leben als »happy wife«. Kaum war die Hochzeit vorüber und Vladislav am Ziel, betrieb er bereits die Annullierung der Ehe, was ihm durch eine miese Intrige auch gelang. Beatrix ging frustriert nach Ischia, wo sie in einem Nonnenkloster starb.

Durch den Matthiasturm geht's nun in die Ortenburg hinein, Bautzens eigentliche Geburtsstätte. Über Jahrhunderte war die Festung die Stammburg der Milzener, jenes slawischen Stammes, der über die obere Lausitz herrschte. Gleich hinter dem Torturm fallen zwei Köpfe auf, die man unter einem Fenster eingemauert hat. Glaubt man der Sage, dann handelt es sich um eine Art Romeo und Julia auf Lausitzisch. Die beiden jungen Menschen hatten sich unsterblich ineinander verliebt, ihre Familien aber stellten sich gegen ihr Glück und verbannten Julia in ein fernes Kloster. Von dort gelang ihr die Flucht, bald schon lagen sie sich in Bautzen wieder in den Armen; doch nur für kurze Zeit: Um sie zu strafen, hat man sie lebendigen Leibes eingemauert.

»Allein oder getrennt?«

»Das eine ist doch so furchtbar wie das andere.«

»Furchtbar schon, aber zu zweit ist es doch romantischer.«

Im Burghof findet sich der Hinweis auf ein nicht nur für die Lausitz bedeutendes geschichtliches Ereignis: Hier wurde im Jahr 1018 der Frieden von Bautzen geschlossen, bei dem sich das Heilige Römische Reich mit dem ersten polnischen König einigte. Bolesław I., ein eifriger Kämpfer für das Christentum, hatte die noch an ihren alten Göttern festhaltenden Milzener besiegt und die Lausitzen erobert; diese Eroberungen wurden im Friedensschluss auf der Ortenburg bestätigt.

Passenderweise hat man auf dem Gelände der Ortenburg das Sorbische Museum eingerichtet, eine Fundgrube für jeden, der sich für Kunst und Kultur der Sorben interessiert. Als hübschen Kontrast hat man auf der anderen Hofseite das moderne Volkstheater errichtet, eine Bühne besonders für das zweisprachige Puppentheater. Ursprünglich befand sich dort der historische Kornspeicher. Hinter der Glasfassade turnen in dramatischer Bewegung fünfzehn überlebensgroße Sandsteinfiguren herum. Sie haben eine lange Odyssee hinter sich. Vom Bildhauer Ernst Rietschel (1804–1861) für Sempers Neubau des Dresdner Hoftheaters geschaffen, wurden sie nach dessen Brand 1869 im Jahr 1905 am Giebel des frisch sanierten Bautzener Stadttheaters angebracht. Als man das Haus 1969 sprengte, hatte man die Figuren zum Glück zuvor abgenommen; seit 2003 kann man sie nun auf der Ortenburg bewundern. Ob damit ihre Reise ein Ende gefunden hat?

Wir sehen uns auf dem Burghof um. Einen besseren Platz hätte man für eine Festung nicht finden können. Von drei Seiten wird der hohe Felssporn von der Spree umflossen, so fiel die Verteidigung leicht. Baron Gottfried Schmiedel, Narr am Hofe Augusts des Starken, beschrieb die Ortenburg und ihren Erbauer in einem Gedicht aus dem Jahr 1754:

Hergegen hat er bald die Orttenburg erbauet,
Die man zu dieser Zeit in höchster Wonne schauet,
Sie pochet allezeit auf ihrer Felsen Macht,
Und hat auch manchen Feind gar rühmlich ausgelacht

Noch vieles gäbe es in Bautzen anzuschauen: das schöne Gründerzeitviertel in Bahnhofsnähe, das Stadtmuseum mit bedeutenden vorzeitlichen Funden, den Taucherfriedhof … Zu viel für Radfahrer, die noch ihre ganze Tagesetappe vor sich haben. Also hinaus aus den gar nicht grauen Stadtmauern und hinunter zur Spree, zum Radweg.

Im Norden von Bautzen fließt die Spree an einem großen Gefängniskomplex vorbei, dessen Gebäude aus gelben Klinkern bestehen und der deshalb auch »Gelbes Elend« genannt wird. 1904 gebaut, war es einmal das fortschrittlichste Gefängnis im Königreich Sachsen. Höfe mit Grünanlagen, eigene Gärten für den Gemüseanbau, moderne Toiletten und große Waschräume, Arbeits- und Bildungsmöglichkeiten: Alles, damit die Ersttäter, die hier untergebracht waren, durch die Haftbedingungen nicht noch tiefer sanken. In der Weimarer Republik wurden die Rechte der Gefangenen weiter verbessert, mit der Machtübernahme durch die Nazis aber änderte sich alles. Militärischer Drill, karge Verpflegung und harte Strafen sollten abschreckend wirken. Und bald schon kamen ganz neue Gefangene hinzu: Juden, Sinti und Roma, Sozialisten, Kommunisten, Menschen aus dem bürgerlichen und kirchlichen Widerstand. Für viele von ihnen, wie den Arbeiterführer Ernst Thälmann, war Bautzen nur eine Zwischenstation, sie starben in einem KZ; Thälmann beispielsweise in Buchenwald.

Nach dem Krieg wurde das »Gelbe Elend« zum sowjetischen Speziallager Nummer 4. Dort konnte jeder landen, der den russischen Besatzern nicht passte. Aus nichtigstem Anlass heraus wurde man verhaftet, gefoltert und ohne Prozess eingesperrt. Völlig überfüllt war das Lager bald; Hunger, Dreck, Erniedrigungen, Schläge und Krankheiten, so sah der Alltag aus, viele überlebten die grausamen Haftbedingungen nicht, die Leichen wurden bei Nacht und Nebel nahe der Spree verscharrt, am sogenannten Karnickelberg. Als die Russen 1949 das Lager übergaben, wurde es noch schlimmer. Nicht die deutsche Justiz hatte nun das Sagen, sondern die Volkspolizei. Die Verpflegung soll noch schlechter geworden sein, es kam zu Aufständen, die blutig niedergeknüppelt wurden. Zwar gab es gewisse Erleichterungen, als herausgeschmuggelte Berichte die Weltöffentlichkeit alarmierten, aber selbst, als 1989 die Grenzen fielen, war das »Gelbe Elend« noch hoffnungslos überfüllt.

Mancher noch wird, wenn der Name »Bautzen« fällt, an diesen Ort denken; wer dort gesessen hat, nur unter Qualen. Dem *Bautzen-Komitee* ist es zu verdanken, dass diesen Menschen eine Stimme gegeben wurde und wird. Die Berichte der politischen Gefangenen lassen einem das Blut in den Adern gefrieren.

Etwas ratlos stehen wir da. Man darf nicht achtlos am »Gelben Elend« vorüberradeln; aus den Berichten der Gefangenen zu zitieren aber trauen wir uns nicht, zu erdrückend sind die Erinnerungen. Wir entscheiden uns für einen Kompromiss oder eine andere Herangehensweise, wir wollen an einem Beispiel illustrieren, dass auch an diesem unmenschlichen Ort Menschlichkeit möglich gewesen ist.

Der Engel von Bautzen

1948. Die Wunden des Weltkriegs sind noch nicht verheilt. Von allen Ländern hat die Sowjetunion die meisten Toten zu beklagen. Über acht Millionen russische Soldaten sind gefallen, neun bis sechzehn Millionen Zivilisten getötet, unzählige weitere verstümmelt, traumatisiert, ihre Leben zerstört.

Eine junge Russin, Ärztin. Sie wird nach Deutschland geschickt, in das Land des Feindes, soll dort in einem Gefangenenlager ihren Dienst verrichten. Auch in ihrer Familie, unter ihren Freunden wird es Kriegsopfer gegeben haben. Nun wird ihr die Leitung für eine Krankenstation übertragen, vom Speziallager in Bautzen; sie soll sich um die Gesundheit der deutschen Gefangenen kümmern.

Was sie sieht: ausgemergelte Männer, abgemagert, ungepflegt, stinkend, ohne Ersatzkleidung. Nicht wenige von ihnen sind verletzt, wurden durch Stockhiebe verwundet. Was ihr jedoch am meisten Sorge bereitet: Viele Gefangene husten, manche sogar Blut. Die Tuberkulose ist im Lager ausgebrochen, ein Todesurteil für die geschwächten Männer. Die junge Ärztin ist entsetzt. Sofort macht sie sich an die Arbeit, versucht zu helfen, wo sie kann. Die Krankenstation wird umgebaut; Betten, die diesen Namen auch verdienen, werden aufgestellt, die Kranken operiert, ihre Lungen mit einem Pneu versehen, der sie wieder genesen lässt.

Doch auch um die Gesunden kümmert sie sich, kämpft darum, zumindest den Schwächsten mehr Essen zu verschaffen, jeden dritten Tag gibt es nun für jede Zelle zusätzlich einen

> Salzhering. Es ist nicht viel, was die russische Ärztin tun kann. Aber die Gefangenen sind ihr so dankbar, lieben sie, nennen sie insgeheim ihren Engel, den Engel von Bautzen. Eine fühlende Seele an einem furchtbaren Ort.

Heute ist das »Gelbe Elend« wieder eine gewöhnliche Justizvollzugsanstalt. Auch den Karnickelberg sehen wir liegen und möchten am liebsten vergessen, welch grausam gequälte Opfer man hier verscharrt hat.

Bald darauf werden unsere düsteren Gedanken zum Glück davongepustet wie schwarze Wolken von einem heiteren Frühlingswind.

Pack die Badehose ein ...

Die Talsperre Bautzen

Wir rollen zu einem weiten See hinunter, lustig glitzert die Wasserfläche.

Die Talsperre Bautzen, die zweitgrößte Sachsens, wurde ab 1974 geflutet, nachdem man zwei Dörfer umgesiedelt hatte. Und auch wenn man beim Betrachten der zahlreichen Freizeitanlagen den Eindruck gewinnt, die Talsperre wurde zum Vergnügen der Bautzener errichtet, so ist doch ihr eigentlicher Sinn ein praktischer: Bei Hochwasser soll sie die Ortschaften am Unterlauf der Spree schützen, zu Dürrezeiten aber den Wasserstand der Spree erhöhen, nicht zuletzt, damit die Fische in den zahlreichen Teichen nicht auf dem Trockenen zappeln müssen.

»Was bald schon drohen könnte. Schau, die Waldbrandgefahr wird schon auf Stufe 3 angezeigt!«

Und das im Frühjahr. Es darf ruhig mal wieder regnen, aber natürlich erst, wenn wir am Ziel sind. Radfahrer sind wasserscheu. Im Gegensatz zu den Tieren, die wir bald zu Gesicht bekommen, denn unmittelbar hinter der Talsperre beginnt eine große Teichlandschaft.

Zunächst aber staunen wir in Niedergurig über eine Rieseneiche, deren Hohlraum in den 1930er-Jahren mit einer Betonplombe gefüllt wurde. Der Baum, dessen Alter man auf 700 bis 800 Jahre schätzt, wird manches erlebt haben, gute Zeiten, schlechte Zeiten, auch manch Schlachtengetümmel. Der Alte Fritz hat im Siebenjährigen Krieg (1756–1763) von den Österreichern bei Bautzen kräftig was auf die Mütze bekommen, schlimmer noch aber floss das Blut, als Napoleon anrückte.

Die Schlacht bei Bautzen

Auf dem Pariser Triumphbogen ist sie in Stein gemeißelt: »La Bataille de Wurschen«. »Wurschen« nennen die Franzosen die Schlacht, weil die Russen und Preußen in dem Dorf dieses Namens östlich von Bautzen ihr Hauptquartier bezogen haben; die Kugeln aber sind vor allem an den Ufern der Spree geflogen.
Es ist der 20./21. Mai 1813, die Zeit der Befreiungskriege. Man will Napoleon endlich in die Knie zwingen und die Franzosen aus dem Lande jagen. Doch Napoleon, obwohl im Jahr zuvor gedemütigt aus Russland geflohen, gibt so schnell nicht auf. Am 8. Mai hat er bei der verlustreichen Schlacht von Großgörschen gesiegt und Sachsen zurückerobert, nun will er seinen Feinden eine weitere, eine vernichtende Niederlage zufügen.
So stehen sie sich gegenüber, die Franzosen auf der linken Sei-

Im Biosphärenreservat kreucht und fleucht es

te der Spree, der russische Zar und der preußische König mit ihren Truppen auf der rechten Seite. Napoleon inspiziert von den Höhen noch einmal die Lage, dann bläst er zum Angriff, und die Grande Armée setzt über den Fluss. Es wird erbittert gekämpft. Zuletzt muss die Allianz den Rückzug antreten, Napoleon erklärt sich zum Sieger. Er hat jedoch 20.000 Mann verloren und ist so geschwächt, dass er sich zu einem Waffenstillstandsabkommen hinreißen lässt. Das sollte sich noch rächen. Denn seine Gegner nutzen die Zeit, um sich zu verstärken, und schlagen Napoleon im Oktober entscheidend bei Leipzig, was als »Völkerschlacht« in die Geschichte eingehen sollte.

Blutige Zeiten. Mindestens so brutal wie bei der »Schlacht bei Bautzen« ist es bei der »Schlacht um Bautzen« zugegangen. Im April 1945, in den Schlusstagen des Zweiten Weltkriegs, die Russen standen schon vor Berlin, führte die Wehrmacht in der Oberlausitz noch eine Gegenoffensive aus und eroberte Bautzen zurück, mit Panzern, aber auch in Straßenkämpfen. Tausende kampfunerfahrene Polen, von den Russen auf die Schnelle noch zu einer Armee zusammengestellt, ließen bei Bautzen ihr Leben. Fast 5.000 Opfer hatte die 2. Polnische Armee zu beklagen, eine der strategisch unsinnigsten Schlachten eines längst entschiedenen Krieges.

Zum Glück erscheinen uns solche Kriegsgeschichten heute unglaublich fern. Es ist, als müsste man sich ein Riesenteleskop vor die Augen halten, um sich eine Vorstellung von den Gräueltaten zu machen. Das große Friedenswerk mit dem Namen »Europäische Union«, es ist nicht groß genug zu preisen.

Glocke auf Abwegen – ehemals hing sie im Kirchturm von Malschwitz

Die Oberlausitzer Heide- und Teichlandschaft

Die Teichlandschaft, durch die wir jetzt radeln, ist einzigartig und die größte Europas. Schilfbestandene Ufer, grüne Wiesen mit den schönsten Frühlingsblumen. Aus dem Graben quakt es, ein Frosch bläst seine Backen auf. Gut aufpassen sollte er auf die zahlreichen Wasservögel, die auf den Wellen schwimmen, zwei Schwäne üben die Wasserlandung.

Das *Biosphärenreservat Oberlausitzer Heide- und Teichlandschaft*, so der offizielle Name, ist von der UNESCO geschützt, über 3.400 Tierarten sind hier daheim, darunter über 800 vom Aussterben bedrohte. Freunde der Libellen können sich an den vier Arten der Moosjungfern erfreuen, auch die Rotbauchunke, die Kreuzotter oder der Kammmolch fühlen sich hier zu Hause. Wer Glück hat, hört die Rohrdommel rufen, den Drosselrohr-

Einkehr in luftiger Höhe (Malschwitz)

sänger oder den Ziegenmelker. Letzterer ist allerdings ein etwas spezieller Sänger: Hört es sich an, als würde ein Moped in einiger Entfernung vorüberknattern, und zwar nicht das modernste, könnte es ein Ziegenmelker sein. Den eigentümlichen Namen gab ihm Plinius der Ältere, der glaubte, beobachtet zu haben, wie der drosselgroße Vogel das Euter von Ziegen anflog.

Der eindrucksvollste Vogel der Teichlandschaft aber ist sicherlich der Seeadler, der hier stets einen reich gedeckten Tisch vorfindet. Gerne ernährt er sich von toten Fischen und anderem Aas, wählerisch ist er nicht; erwischt er im flachen Wasser aber einen lebendigen Fisch, etwa einen Zwei-Kilo-Karpfen, hält er ihn auf dem Wasser »schwimmend« so lange fest, bis der Karpfen die Flossen streckt. Doch nicht nur die Vögel sind auf Fische scharf: Auch der Otter ist im Spreeland wieder heimisch.

Die Teichlandschaft, die diesen Artenreichtum möglich macht, ist nicht durch den Braunkohleabbau entstanden. Sie geht auf das frühe Mittelalter zurück, als deutsche Siedler im vorwiegend von Slawen bewohnten Land die Moorlandschaft kultivierten und neben Wiesen und Weideland auch flache Teiche schufen, die mittels raffinierter Zu- und Abläufe reguliert und abgelassen werden konnten und häufig miteinander in Verbindung standen.

Am Rande eines der Teiche sehen wir eine riesige Glocke aus Stahl ruhen. Im März 2013 hat man sie aus dem Kirchturm von Malschwitz abgehängt, als man diesem eine klangschönere Nachfolgerin gegossen hat. Die alte Glocke hat man an diesen Platz gebracht, wo man ihr einen neuen, deutlich niedrigeren Glockenstuhl spendiert hat. »Die Glocke, Glocke, tönt nicht mehr«, könnte man mit Goethe rufen, auch wenn Spuren an ihrer Außenwand beweisen,

Ordnung muss einfach sein

dass manch Spaziergänger ihr noch einen Ton entlocken wollte.

In Malschwitz, dem nächsten Ort, stehen eine hübsche Kirche und ein Scheunencafé, wo man coronagerecht am Außengiebel Platz nehmen könnte, man muss nur aufpassen, nicht hinunterzurutschen. Wir freuen uns schon auf die nächste Tour entlang der Spree, die Karte mit den hausgebackenen Kuchen sieht verführerisch aus.

Auch die akkurat aufgehängte Unterwäsche erfreut den Betrachter. Weißer geht's nicht – und auch nicht ordentlicher.

Nun führt uns der *Spree-Radweg* im Zickzack weiter; in Klix kann, wer will, eine ehemalige Wasserburg besuchen oder ein Blick auf den Schornstein der ehemaligen Brauerei werfen, ob dort wieder ein Storchenpaar nistet. Kultureller Höhepunkt – so eine Infotafel – ist das Maibaumwerfen am zweiten Maiwochenende.

Das Haus der Tausend Teiche in Wartha

Königstreue Sachsen haben Albert ein Denkmal gesetzt

Unser nächstes Ziel ist das *Haus der Tausend Teiche* in Wartha. In diesem modern gestalteten Museum kann man alles über die geschützte Teichlandschaft erfahren und sitzt zudem sehr hübsch unter ausladenden Bäumen am Ufer von Teich Nummer 999, auf dem Enten ein Haus bezogen haben.

Noch ein weiteres Museum gibt es in Wartha, das *Schulmuseum Korla Awgust Kocor*, untergebracht in der alten Dorfschule; das Klassenzimmer ist hundert Jahre alt, der zweisprachige Unterricht auf Deutsch und Sorbisch wird gut dokumentiert.

Uhyst und der Bärwalder See

Bald geht es in einen Kiefernwald hinein. Die Spree, sie ist nicht mehr dieselbe. Kurz zuvor, ein kleines Stückchen nach Klix, hat sie sich geteilt, hat ihre Schwester, die Kleine Spree, weiter westlich auf die Reise geschickt. Wenn man so will, bildet das Land zwischen den Schwestern eine riesige Insel. Wann werden sich die beiden Arme wiedervereinigen?

Wald und Wiesen durchfahren wir, kleine Dörfer liegen verstreut dazwischen, ein kleines Denkmal für Albert, König von Sachsen, steht am Wege. Albert glänzt wie frisch poliert, offensichtlich gibt es immer noch Königstreue in der Lausitz.

Der Landkreis Görlitz heißt uns willkommen, seltsam, wir fahren doch nach Norden, liegt Görlitz nicht südöstlich? Sicher nur ein Landkreis-Bürzelchen. Hin und wieder versteckt sich ein Weiher hinter den Weiden, dann taucht ein Kirchturm auf: Uhyst.

In einer Bäckerei besorgen wir uns einen »Gaffee-zum-Loffn«, wie der Sachse sagt.

»Und bitte einen Krapfen.«

»Einen was?«

»Na, den Berliner da.«

»Meinen Sie den Pfannkuchen?«

Der lauschige Park von Schloss Uhyst – unbedingt Pause einlegen!

So beladen jonglieren wir bis in den nahen Park, lassen uns auf einer Parkbank nieder und bewundern ein verstecktes, aber recht hübsches Schloss.

In Uhyst hat eine der schillerndsten Persönlichkeiten der Lausitz ihre Internatsjahre verbracht, Hermann Fürst von Pückler-Muskau (1785–1871). Unter der strengen Erziehung seiner pietistischen Lehrer hat der Junge sehr gelitten, erst sieben Jahre war er, als man ihn nach Uhyst schickte. Lieber als im staubigen Klassenzimmer war er draußen in der Natur. Eine Anekdote verdeutlicht treffend seinen Charakter. Für ein banales Vergehen auf den Dachboden gesperrt, kletterte er über die Äste alter Linden ins Freie. Man musste ihn suchen und fand ihn im Garten der Anstalt. – Gärten, sie sollten zur Leidenschaft des künftigen Fürsten werden. Nicht zu seiner einzigen. Doch davon später (siehe Seite 123 ff.).

Uhyst hat im Übrigen Glück, dass es noch existiert. Ein riesiger Schatz ist hier im Boden vergraben, man hat ihn mit großen Baggern gehoben: Braunkohle. Eine Lore zeugt noch

Lore für den Kohletransport

davon, sie steht wie ein Denkmal auf dem Platz. »185 Mio. Tonnen Rohbraunkohle« ist auf ihr zu lesen.

Wo sich früher die Braunkohle verbarg, erstreckt sich nun Sachsens größter See. Weit hinter der Wasserfläche erhebt sich ein Kraftwerk, dort wurde die Kohle verheizt: Boxberg.

Wir werden dem *Spree-Radweg* untreu und wählen den Weg rechts um den See herum. Auf einem asphaltierten Uferweg, den wir uns mit Inlineskatern teilen, gleiten wir dahin. (Wer möchte, fährt den kürzeren Weg links herum und folgt dabei dem offiziellen Radweg.)

Das Braunkohleabbaugebiet der Lausitz ist das zweitgrößte Deutschlands. Mit ungeheurer Gier müssen sich die riesigen Bagger durch die Erde gewühlt haben, unzählige Äcker, Wälder, Wiesen und Felder mussten der Kohleernte weichen. Auch einige Ortschaften fielen ihr zum Opfer, darunter der Ort Merzdorf. Zwischen 1975 und 1978 siedelte man die Merzdorfer um, dann wurde die Kirche gesprengt, und die Bagger rückten an.

So existiert auch das Geburtshaus von Johann Ernst Schmaler nicht mehr. Besser spricht man von Jan Arnošt Smoler (1816–1884), denn der Sohn des evangelischen Gemeindepfarrers ist Sorbe gewesen. Und was für einer! Niemand hat die sorbische Kultur besser dokumentiert, ihre Märchen, Geschichten, Tänze und Feste, die unzähligen Hochzeitsbräuche. Vor allem durch die Sammlung sorbischer Volkslieder hat sich der Zeitgenosse der Brüder Grimm, mit denen er sich gerne ausgetauscht hat, einen Namen gemacht. Der Umfang seines Werks ist gewaltig und verdeutlicht, welch hohen Stellenwert der Gesang in der sorbischen Kultur eingenommen hat. Die meisten ihrer Lieder handeln vom einfachen Leben auf dem Lande – und der Liebe natürlich, von der glücklichen Liebe und mehr noch von der unglücklichen. Viele Lieder sind von einer herzerwärmenden Zutraulichkeit. Auch Sitten und Gebräuche seiner sorbischen Landsleute hat Smoler geschildert, ihre Gläubigkeit, aber ebenso ihren Aberglauben und Witz. Der studierte Theologe hat sich nicht nur als Volkskundler verstanden, er war zugleich politischer Journalist, gab im eigenen Verlag eine sorbische Zeitung heraus und setzte sich für das Sorbische als Unterrichtssprache an den Schulen ein, ja, er unterrichtete selbst seine Muttersprache am Bautzener Gymnasium. Als Panslawist unterhielt er lebhafte Kontakte zu Vertretern anderer slawischer Staaten und Völker, vor allem zu russischen. Noch heute sind seine Bücher eine Fundgrube für jeden, der sich mit der sorbischen Kultur beschäftigt.

Wir wollen ein Thema herausgreifen, um das Leben der Sorben in der Lausitz zu veranschaulichen, und entscheiden uns für die Spinngesellschaften, spiegeln sie doch in schöner Weise wider, wie es die Sorben verstanden, das Nützliche mit dem Angenehmen zu verbinden.

Die vergnügten Spinngesellschaften

Das Garnspinnen war neben der Landwirtschaft einer der wichtigsten Erwerbszweige der Sorben, zumal die oft sandig-kargen Heideböden wenig abwarfen. Am Tag des heiligen Burkhards, dem 14. Oktober, wenn die Ernte eingebracht war, taten sich bis zu zwölf junge Frauen zu einer Spinngesellschaft zusammen. In jedem Jahr war eine andere die Gastgeberin.
Eröffnet wurde die Saison mit einem Festessen, zum Beispiel einer gebratenen Gans. Gewöhnlich begann ein Spinnabend um sieben Uhr und endete um zehn. Während jede Frau ihr Rädchen drehte, wurden zunächst Neuigkeiten aus dem Dorf ausgetauscht, dann stimmte die Kantorka, die Vorsängerin, das erste Lied an, und alle fielen mit ein. »Was für neue Lieder werden wir hören?«, fragte man neugierig zu Beginn der Spinnsaison.
Auch Märchen erzählte man sich, Rätsel und Anekdoten. An zwei bis drei Abenden kündigten sich die Burschen des Spinndistrikts an und brachten Bier und Schnaps mit. Dann wurde zusammen gesungen und getanzt, und man ging nicht eher nach Hause, bevor nicht die letzte Flasche geleert war, oft erst in der Morgendämmerung. Ein großes Hallo gab es auch, wenn unangekündigt ein weißes »Pferd« erschien, in dessen Hülle ein Bursche steckte. Ein Rockenstock, mit Stroh und Tüchern umwunden, bildete den Kopf des sich wild gebärdenden Tieres, das die Frauen zu zähmen versuchen sollten.
Der vielleicht schönste Tag aber war der letzte Spinnabend vor Weihnachten. Dann besuchten sich die weiblichen und männlichen Spinngesellschaften (Zweitere gab es auch) und hielten, zum Vergnügen aller, Gericht über die Säumigen und Faulen, worauf der Flachs, den diese nicht abgesponnen hatten, verbrannt und damit gedroht wurde, ihren Rocken zu zerbrechen.
Der Rocken, der Stab, an dem die noch nicht versponnenen Fasern befestigt waren, spielte ebenso am Aschermittwoch, dem Ende der gemeinsamen Spinnzeit, eine wichtige Rolle.

Bärwalder See: fast ein sächsisches Meer

> Auch dann wurde gegessen und getrunken, und die Witzigste und Aufgeweckteste der Spinnerinnen vollführte unter lustigen Reden mit einer Ofengabel oder einem Degen einen Mordanschlag auf das puppenähnliche Wesen. Ganz so gesittet also, wie wir es uns in Spinnstuben vielleicht vorstellen, ging es dort nicht zu, ja, manchmal soll die Obrigkeit, vom entsetzten Pfarrer alarmiert, sogar ein Verbot ausgesprochen haben, was aber glücklicherweise wenig Beachtung fand.

»Die spinnen, die Sorben!«

»Und ob!«

Auch der Bärwalder See ist auf dem Weg, sich zu einem Ort mit vielen Freizeitmöglichkeiten zu entwickeln. Einen großen Badestrand gibt es bereits und jede Menge Platz für Camper. Erstaunlich, dass das Wasser in der ehemaligen Kohlegrube bereits Badequalität besitzt.

Durch das Energieland

Am Rand der Kraftwerkanlage erreichen wir mit der Spreestraße wieder den *Spree-Radweg*.

»Tagebau Nochten, Kohleverladung, Gipsdepot«, heißt es auf einem Schild, ein anderes warnt uns vor Glatteis: »Kühlturmniederschlag«. Eine Art Kunstschnee also, produziert durch die Kohleverbrennung. Auf einer Strecke von sieben Kilometern soll es weiß herunterrieseln, da könnte man doch eine hübsche Loipe spuren. Oder, wie im Ruhrpott, auf einer Kohlehalde eine Piste anlegen.

Die Schrotholzkirche von Sprey, die älteste ihrer Art in der Lausitz

Kurz darauf biegt der Radweg von der Straße nach Westen ab, in einer kleinen Bude gibt es leckere Fischbrötchen zu kaufen, dann stehen wir vor einer erstaunlichen Kirche.

Die Schrotholzkirche von Sprey

Auf einem grünen Rasenplatz steht sie, ganz aus dunklem Holz. Die Dorfkirche von Sprey ist die älteste Schrotholzkapelle in der Lausitz und zugleich eine der wenigen noch existierenden in Deutschland. Sie stammt aus dem 18. Jahrhundert. Sorbische Bibelsprüche zeigen an, von wem sie erbaut worden ist. Wer eine Schrotholzkirche errichten wollte, musste frühzeitig planen. Drei, besser vier Jahre vor dem Bau suchte man nach passend gewachsenen Kiefern, seltener auch Eiben, kletterte zur Krone hinauf und schnitt mit einem scharfen Messer die Rinde spiralig auf, um ein Stück vom Stamm zu entblößen. Die Verletzung zwang den Baum zu einer starken Harzproduktion. Harz aber ist ein natürliches und bewährtes Imprägnierungsmittel; das daraufhin geerntete Holz war resistent gegen Schädlinge und Verwitterung. Man fällte den Baum und ließ längs zum Stamm das Spaltbeil niedersausen, um aus dem runden Stamm einen Vierkantbalken herauszuschlagen. Fertig war das Schrotholz, das sich nun perfekt und ohne sichtbare Lücken zu einer Wand zusammenfügen ließ, ganz ohne Nägel. Die meisten Schrotholzkirchen finden sich in Schlesien; schön, dass es auch an der Spree noch eine gibt. Die Kirche von Sprey besitzt einen noch älteren Altar. Die Reformation ersetzte die zentrale Marienfigur durch den heiligen Martin, Luthers Namenspatron, die anderen Heiligen durften an ihrem Platz verbleiben: Stephanus, Laurentius, Barbara und Katharina. Der Altar ist aus dem Holz einer Mooreiche gefertigt, naturgedunkelt und hart wie Stein.

Nun geht es pfeilgeradeaus, eine gute Strecke zum Kilometerfressen. Rechts rekultiviert man den Tagebau, links üben unsere Truppen. Zahlreiche Schilder warnen davor, das Gelände zu betreten. Die Spree jedoch hält sich nicht an das Verbot und fließt parallel zum Radweg, nicht weit von uns entfernt, ungeniert durchs Armeegelände.

Ein Gedenkstein am Weg erinnert an Tzschelln, ein Dorf, das 1979 dem Tagebau weichen musste. »Überbaggert« sagen die Bergwerker, »weggebaggert« würde es besser treffen. Die meisten Tzschellner zogen nach Weißwasser oder nach Schleife. Unweit von Tzschelln wurde der berühmte Tiger von Sabrodt zur Strecke gebracht.

Der Tiger von Sabrodt

Er tauchte auf wie aus dem Nichts. Immer wieder näherte er sich den Siedlungen der Menschen und riss ihre Schafe: der Tiger von Sabrodt. Erstmals wurde er im Jahr 1899 gesichtet, nun trieb er schon seit fünf Jahren sein Unwesen in der Gegend. Es musste sich um ein mächtiges Tier handeln, manche vermuteten eine Raubkatze, die aus einem Wanderzirkus ausgebrochen war. Verlässliche Zeugen jedoch, die das blutrünstige, aber äußerst vorsichtige, überaus schnelle und schlaue Tier beobachtet hatten, sprachen von einem riesigen Wolf.

Ein Wolf sollte das sein? Seit hundert Jahren war in der Lausitz kein Wolf mehr gesichtet worden, er galt als ausgestorben. »Tiger von Sabrodt« nannte man das Raubtier, halb scherzhaft, halb respektvoll. »Sabrodt« heißt eine kleine Siedlung an der Spree, in deren Nähe er erstmals zuschlug. Alle Versuche, den Räuber zu stellen, misslangen.

Da schlug an einem kalten Wintertag Revierförster Dommel Alarm. Ihm waren bei Tzschelln verdächtige Spuren im frischen Schnee aufgefallen. Schützen und Treiber eilten herbei

und kreisten den Wolf ein. Oberförster Dutmer-Bohla kam zum Schuss, verwundete das mächtige Tier jedoch nur. Blutend wollte es über das offene Gelände entkommen, da legte Förster Brehmer an, auch diese Kugel traf. Schwerverletzt schleppte sich der Wolf noch in ein nahes Gebüsch, dort fand man ihn tot in seinem Blute liegend.
Der »Tiger«, eine stattliche Wölfin von 1,60 Metern Länge, wurde präpariert und ist im Stadtmuseum von Schloss Hoyerswerda ausgestellt; es handelt sich dabei um den letzten offiziell in Deutschland erlegten Wolf.

»Und nun sind seine Nachfolger sogar unter Naturschutz gestellt. Der erste deutsche Wolf unserer Zeit ist genau hier in der Lausitz gesichtet worden, Ende der 1990er-Jahre, ein-

Typisches Hufendorf: Spreewitz

gewandert aus Polen, seitdem vermehrt er sich wieder munter.«

»Und wenn einer zum Problemwolf wird?«

»Dann darf er gejagt werden.«

»Zum Beispiel, wenn er Radfahrern in den Reifen beißt.«

Durch Neustadt führt der Weg nach Spreewitz, und – siehe da – die Kleine Spree taucht wieder auf, um sich reumütig mit der großen Schwester zu vereinigen. Spreewitz ist erneut ein typisches Hufendorf (siehe Seite 23), ein ganz besonders schönes sogar. Auch seine Fachwerkkirche kann sich sehen lassen.

Durch eine heiter-grüne Landschaft geht es weiter, im Schatten alter Uferbäume schlängelt sich der Fluss durch die Au. Dann wird's energetisch, hochenergetisch sogar: Rechts erntet man Sonnen- und Windstrom, links erheben sich die Anlagen der Schwarzen Pumpe, ein weiteres Kohlekraftwerk, das ein großes Infocenter besitzt. Der Name »Schwarze Pumpe« hat aber nichts mit seiner heutigen Funktion zu tun. Hier soll einmal ein Wirtshaus gestanden haben, dessen Wasserpumpe aus Warnung vor Ansteckung mit der Pest schwarz angestrichen werden musste. Hygienemaßnahmen aus dem Mittelalter.

»Carna Plumpa.«

»Wie bitte?«

»Schwarze Pumpe auf Sorbisch.«

Spremberg – die Perle der Lausitz

Langsam werden die Beine müder. Zum Glück ist das Quartier nicht mehr weit. Wir rollen in ein ausgesprochen hübsches Städtchen, das sich viel von seinem alten Charme bewahrt hat: Spree am Berg = Spremberg. Es ist bereits der zweite Ort dieses Namens auf unserer Strecke, allerdings

Spremberg – Schloss, Rathaus, Postamt und die hübsche BOS direkt am Fluss

deutlich größer als Spremberg-Neusalza. Die Sorben nennen dieses Spremberg Grodk = kleine Burg. Möglicherweise lag die ursprüngliche Siedlung auf einer von Spreearmen umflossenen Insel.

»Perle der Lausitz« darf sich Spremberg seit 2013 offiziell nennen. Die Stadt hat eine große Tradition, immerhin wurde sie bereits 1301 erwähnt. Die stolze Kreuzkirche wurde um 1509 auf romanischen Fundamenten errichtet, ein lichter, dreischiffiger Hallenbau. Oben auf dem Turm hat man die alte Wächterwohnung wieder hergerichtet, wer will, kann sie für besondere Anlässe nutzen.

»Das wäre ein gutes Nachtquartier!«

»Ich weiß ja nicht, wenn ich an die Stufen denke …«

Warum man die Türmer nur abgeschafft hat? Notre-Dame wäre nicht lichterloh in Flammen gestanden, hätte es noch einen Quasimodo gegeben. Wie viele Türmer könnte man von den Renovierungskosten bezahlen? An der falschen Stelle gespart.

Nicht nur die Kreuzkirche, auch andere Ecken im Zentrum haben ihren Reiz und eine lange Geschichte. Das *Sonntagsche Haus* etwa, benannt nach seiner letzten Bewohnerin, wird auf das Jahr 1580 geschätzt. Sein Fachwerk wirkt noch taufrisch. Im Bullwinkel wurde früher der Stadtbulle angebunden. War eine Kuh »bullig«, wurde sie ihm zugeführt und alle sahen zu, Aufklärungsunterricht anno dazumal.

Hübsch auch das Kavaliershaus und das Burglehnhaus, persönlich aber gefällt uns die Post am besten, ein prächtiges, schlossähnliches Gebäude aus Kaiser Wilhelms Zeiten. Sogar ihren Isolatorenturm hat die Post noch behalten, eine echte Seltenheit. Hier liefen die einst oberirdisch geführten Telefonleitungen zusammen. Am Spreeufer gleich gegenüber hat man hübsche Holzbänke aufgestellt; ein ruhiger, fast kontemplativer Platz. Das Wasser der Spree gleitet vorüber und kämmt die herunterhängenden Zweige der Trauerweiden. Rostbraune Ablagerungen an den Uferbefestigungen zeigen, dass die Spree noch mit den Zuleitungen aus den Bergwerken zu kämpfen hat.

Nach kurzer Rast brechen wir zu unserem Hotel auf. Seinen Namen übergehen wir stillschweigend, ein Foto des Stuhls aus unserem Zimmer soll als Erklärung für unsere ungewohnte Zurückhaltung reichen.

Immerhin gibt man uns einen Tipp, wo wir noch etwas Warmes zu essen bekommen können, für Geschäftsreisende ist in Spremberg auch in Coronazeiten gesorgt. Betreten kann man den Gasthof nur durch einen Hintereingang. Die Wirtsstube ist überraschend gut gefüllt, fast alle Stühle sind besetzt, man sitzt dicht an dicht, als hätte es Corona nie gegeben. »Hallo, liebe

Monteure!«, ruft man uns fröhlich zu und rückt zusammen. – Monteure? Liegt hier eine Verwechslung vor? Wir montieren doch höchstens Buchstaben auf den Bildschirm und auch das nur ziemlich amateurhaft. Doch nein, auch die Gäste, die nach uns das Lokal betreten, werden mit einem fröhlichen »Hallo, liebe Monteure!« begrüßt. Langsam begreifen wir. Monteure dürfen noch einkehren, also hat sich halb Spremberg in Monteure verwandelt. Mit sächsischem Witz trickst man die Verordnungen aus. (Tragischerweise wurde gerade die Lausitz ein halbes Jahr später mit großer Wucht von der zweiten Welle getroffen, rückblickend erscheinen der Witz und auch unser eigenes Verhalten also noch fragwürdiger.) Jetzt aber sind wir zu durstig, um über Sinn und Unsinn dieses Schauspiels nachzudenken. Sach(s)en gibt's, die gibt's gar nicht.

»Ne, ne, keine Sachsen, wir sind Brandenburger.«

Na so was! Haben wir die Grenzpfosten übersehen? Wir schauen auf der Karte nach. Tatsächlich! Südlich von Spremberg verläuft die sächsisch-brandenburgische Landesgrenze. Wir sind in Preußen angekommen, zumindest politisch. Die Beziehung zwischen den Sachsen und den Preußen ist ja nicht immer unkompliziert gewesen. Nach und nach haben sich die Preußen Teile von Sachsen einverleibt, auch Spremberg war bis zum Wiener Kongress sächsisch gewesen. Viele Spitzen wurden verschossen, in beide Richtungen.

Wie schrieb der Berliner Kurt Tucholsky in seinem fingierten Schulaufsatz zum Thema »Mensch«? *Neben den Menschen gibt es noch Sachsen und die Amerikaner, aber die haben wir noch nicht gehabt und bekommen Zoologie erst in der nächsten Klasse.* Frechheit!

»Noch ein Bier?«

»Ist aber dann das letzte.«

Mit seligem Lächeln verabschieden wir uns von den Monteuren, ob sächsische Preußen oder preußische Sachsen. Zeit, ins Bett zu plumpsen.

Dritter Reisetag

Hinein in die Niederlausitz – von Spremberg nach Cottbus

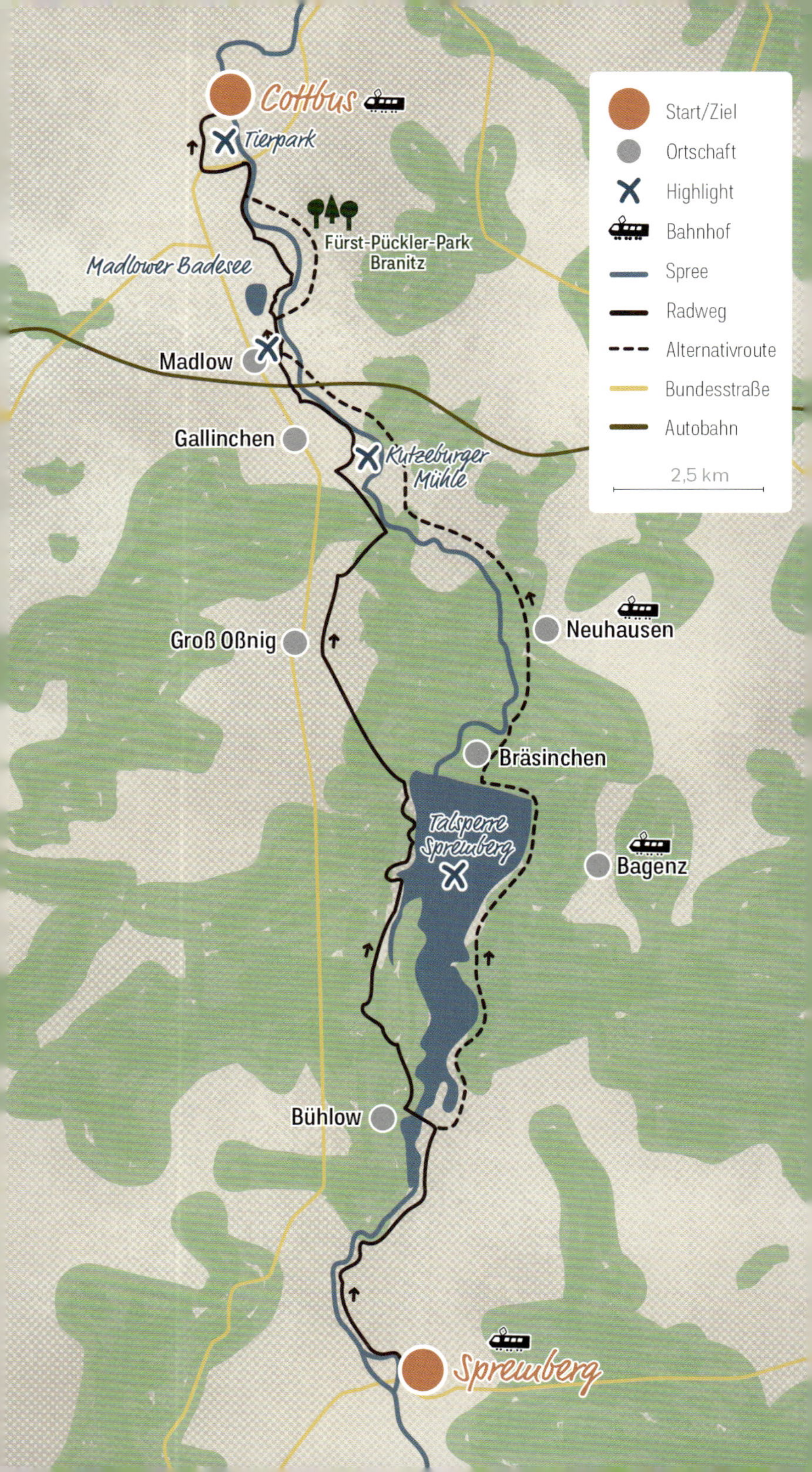

Cottbus
Tierpark
Fürst-Pückler-Park
Branitz
Madlower Badesee
Madlow
Gallinchen
Kutzeburger
Mühle
Groß Oßnig
Neuhausen
Bräsinchen
Talsperre
Spremberg
Bagenz
Bühlow
Spremberg
Start/Ziel
Ortschaft
Highlight
Bahnhof
Spree
Radweg
Alternativroute
Bundesstraße
Autobahn
2,5 km

Dritter Reisetag

Hinein in die Niederlausitz – von Spremberg nach Cottbus

Schwierigkeitsgrad: leicht
Reine Fahrtzeit: 1,5 h
Länge: ca. 29 km
Höhenunterschied: ↑ ca. 56 m – ↓ ca. 78 m
Wegbeschaffenheit: überwiegend feste und asphaltierte (Rad-)Wege, teilweise auf Deichen

So lauschig, wie's beim Hineinradeln nach Spremberg war, so lauschig ist's auch wieder beim Hinausfahren. Der *Spree-Radweg* führt dicht am Ufer dahin, fünf Kilometer bis zur Talsperre Spremberg. Dieser Stausee gehört zu den größten Deutschlands. Es heißt, man habe die Spree aufgestaut, um die Spreewaldgurke zu retten, hatten heftige Hochwasser doch zu häufigen Missernten geführt. Ebenso wichtig aber wird die Versorgung des Braunkohlebergbaus mit Brauchwasser gewesen sein.

Am Ufer des Spremberger Stausees entlang

Rechts herum oder links herum, das ist jetzt die Frage. Links herum geht der offizielle Weg, aber auch der inoffizielle soll seine Reize haben und gut befahrbar sein. Wir beschließen, es heute offiziell anzugehen und halten uns links. Man merkt, dass der Stausee schon über fünfzig Jahre alt ist, seine artifizielle Herkunft sieht man ihm nicht an, wunderbar ein-

Traumhafte Uferlandschaften am Spremberger Stausee

gewachsen sind seine Ufer; wir kommen vor lauter Knipsen kaum voran.

Neben der Natur darf auch der Freizeitspaß nicht fehlen. Sandstrände und Bootsstege laden zum Verweilen ein, der Aussichtsturm auch Vogelkundler. Ein Fischer hat von seinem Boot die Angel ausgeworfen, ein Campingplatz wartet auf die Post-Corona-Gäste. Auch das WC ist wegen der Pandemie geschlossen, unsere Miene aber hellt das zweite Schild wieder auf: *Drücken*. Gibt es eine passendere WC-Beschriftung?

Nicht an allem ist Corona schuld: Die Schließung des Getränke- und Imbissstandes hat andere Gründe.

Von Groß Oßnig zur Kutzeburger Mühle

Nach dem Stausee öffnet sich die Landschaft, wir radeln durch Wiesen und Felder. In Groß Oßnig steht in einem Vorgarten eines niedrigen Häuschens mit Kreide auf eine Tafel geschrieben: *Für immer geschlossen.* Es bleibt unklar, worauf sich das Schild bezieht. Auf den Vorgarten? Aufmunternder ist der Spielplatz. Zwar flattern auch hier die Absperrbänder, zugleich aber warnt ein Schild am Klettergerüst: *Frisch gestrichen!* So muss man's machen, in der Krise die Ärmel aufkrempeln und eine lohnende Pausenstation für später schaffen.

Kurz darauf müssen wir aufpassen. Über eine eingleisige Bahnstrecke rollt ein schwerer Zug dahin. Der Zugführer winkt uns lachend zu, als wir ihn fotografieren. Was er wohl geladen hat? Kohle?

Bräsinchen und Gallinchen heißen die Dörfer hier, süß, fast wie kleine Mädchen in alten Kinderbüchern. Die Gal-

linchener Jugend bietet hilfsbedürftigen Mitbürgern an, die Einkäufe zu erledigen (Penny oder Netto) und die Waren anschließend »unter hygienischen Maßnahmen« zu übergeben, um die Ansteckungsgefahr zu minimieren. So ist es richtig, zusammenstehen in schwierigen Zeiten!

Idyllisch wird's an der *Kutzeburger Mühle*, deren Stauwerke das Wasser der Spree »zum Kochen« bringt. Überall regt sich der Frühling, sprießen Blumen und die Blätter der Uferbäume. Im Hofladen des Reiterhofs wird frisches Steinofenbrot angeboten. Die Straße »Weinberg« verrät, einst sind an der Spree auch Trauben gewachsen.

Wilde Spreewasser – an der Kutzeburger Mühle

Gerade im Sommer angenehm: Hier ist man auf schattigen Deichen unterwegs

Über die Deiche nach Madlow

Der Süden der Gartenstadt Cottbus ist erreicht, das Spreetal beginnt sich zu verändern. Zu beiden Seiten des Flusses wachsen nun Dämme aus dem Boden, der Radweg führt uns auf die Krone des linken Deichs hinauf. Die schöne alte Allee, die den Weg beschattet, zeigt an, dass das Schutzwerk schon länger existiert. Katastrophale Hochwasser hatten den Bau notwendig gemacht.

Ein besonders schweres Hochwasser erlebte Cottbus im Herbst 1897. Es schüttete wie aus Kübeln, ein heftiger Nordwest fegte tiefhängende Wolken herbei, die sich südlich von Cottbus abregneten. Bald fing das Wasser der Spree zu steigen an, die braune Brühe ergoss sich über die Ufer, überschwemmte das Stadtparkgebiet und riss sogar die Badehäuser mit sich.

Vorsicht!
Bissiger Hund!
Betreten auf
eigene Gefahr!

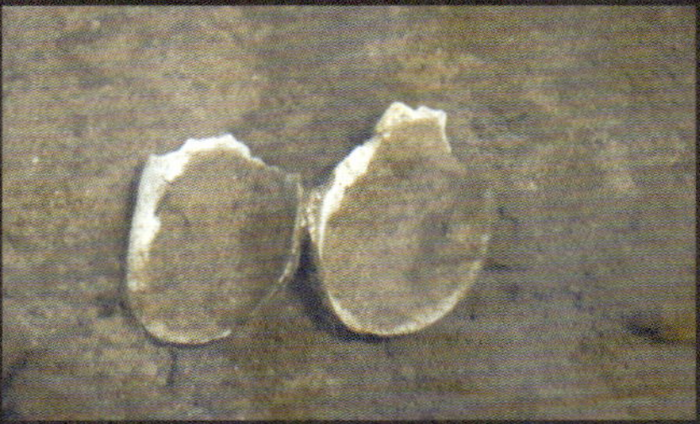

Kreismeister Hermann Kals kam 1933 bei seiner Zählung auf nahezu 125 Hochwasser seit 1895, viele hatten erhebliche Schäden angerichtet. Die Deiche, erbaut ab 1904, erwiesen sich als Segen. An Cottbus vorübergeleitet ergossen sich die Wassermassen von nun an in die tiefergelegenen Spreewälder, wo sie sich über größere Flächen verteilen und damit weniger Schaden anrichten können.

Einen der Uferbäume, ein kräftiges Exemplar, hatte sich ein Biber vorgenommen. Welche Mühe gab er sich, den Stamm fachgerecht zu taillieren, doch ach, alles vergebens! Hätte das Nagetier doch zuvor einen Blick nach oben geworfen! Als der Stamm nach langem Genage endlich Richtung Spree zu fallen begann, blieb er schon nach wenigen Sekunden im Geäst der Nachbarbäume hängen. Die ganze Arbeit für die Katz.

Auch sonst geht es an der Spree ziemlich tierisch zu. Das Wasser muss wirklich eine gute Qualität haben, wie wäre es anders zu erklären, dass uns eine Muschel entgegenblinkt? Sogar muntere Wasserläufer sehen wir. Sie sind allerdings recht kamerascheu, es dauert ein Weilchen, bis wir einen erwischen. Wie sie es nur schaffen, nicht im Spreewasser zu versinken? Viele andere Tiere fühlen sich ebenfalls an den Ufern der Spree zu Hause. Unsere kleine Auswahl haben Sie vermutlich schon auf der Doppelseite vorher bestaunt?

Unmittelbar am Radweg liegt die Martinskirche von Madlow. Sie stammt aus dem 14. Jahrhundert und steht an einer Stelle, an der man ein slawisches Heiligtum vermutet. Der mächtige, festungsartige Turm ist durch mehrere Reihen Blendwerk strukturiert, zwei Bronzeglocken aus dem 15. Jahrhundert sind noch erhalten. An einer Wäscheleine hängen Gebete und gute Wünsche: »Zuversicht zum Mitnehmen«. Alles *to go* in diesen Zeiten, sogar die Zuversicht.

Kurz darauf schimmert es blau aus einer Senke, der Madlower Badesee. Zwischen Kiefern zieht sich ein Sandstrand

Madlow: Martinskirche und Badesee

den Hang hinauf. Ein kleiner Junge läuft auf dem Sand dem Wasser entgegen und dies mit einer Freude, wie sie nur kleine Jungs zeigen können, die auf dem Strand dem Wasser entgegenlaufen.

Cottbus' historische Innenstadt muss schon hinter dem kleinen Waldstück liegen, wir aber machen zuvor noch einen Schwenk nach rechts und gleiten nahtlos in einen der schönsten Parks an der Spree hinein, den Branitzer Park.

Park Branitz und Fürst Pückler

Eigentlich ist der Boden hier karg und sandig gewesen. Fürst von Pückler-Muskau, der Mann mit dem grünsten Daumen der Lausitz, hat ab 1845, bereits sechzig Jahre alt, Unmengen von Mutterboden herbeischaffen lassen, um sich ein Paradies zu erschaffen. Vom Fürsten Pückler-Muskau hatten wir bereits gehört, Sie erinnern sich (siehe Seite 99f.). In Uhyst ist er zur Schule gegangen.

Der weitgereiste Fürst hat sich in England inspirieren lassen, der Landschaftsgarten am alten Branitzer Familiensitz sollte noch schöner werden als der Park von Schloss Muskau an der Lausitzer Neiße, den er mit dem Geld seiner Frau Lucie gestaltet hatte. Nicht nur jede Menge Mist ließ Pückler mit Ochsenkarren herbeischaffen, dem Fürsten gelang sogar das Kunststück, größere Bäume zu verpflanzen. Ebenso wichtig wie die Pflanzung von Baumgruppen aber waren ihm die Freiflächen dazwischen, vielfältig sich schneidende Sichtachsen sollten beim Lustwandeln immer neue Perspektiven eröffnen. Wir müssen sagen, das Kunstwerk ist ihm gelungen!

Verbotenerweise steigen wir auf den Parkwegen nicht vom Rad, bitte verpfeifen Sie uns nicht, wir fahren auch nur ganz langsam, und außer den Gärtnern ist kein Mensch zu sehen. An einem kleinen See halten wir an. Eine Pyramide steht auf einer kleinen Insel, das Grabmal von Pückler-Muskau (1785–1871). Eigentlich hatte er sich verbrennen lassen wollen, was die christlichen Kirchen als heidnischen Brauch aber scharf ablehnten. So griff er zu einer List und verfügte, seinen Leib in ätzenden Chemikalien zu bestatten.

»Und seine Frau?«

»Lucie? Ist bereits 1854 verstorben. Nach Hermanns Tod hat man sie umgebettet und ebenfalls auf der Insel bestattet.«

»Sie hat ihm wirklich das Geld für seine Gärten beschafft?«

»Es langte nur für Muskau. Um den Park von Branitz zu finanzieren, half sie ihm auf andere Weise.«

Eine wirklich interessante Ehe. Beide waren sie überaus geistreich, witzig und auch in der gemeinsamen Liebe zum Gartenwesen einander zugetan. Während der ausgedehnten Reisen ihres Mannes führte Lucie die Arbeiten weiter. Die gebildete, neun Jahre ältere Lucie ließ sich nach nur knapp zehn Ehejahren 1826 zum Schein von ihrem Mann scheiden, damit dieser nach England reisen konnte, sich eine reiche Braut zu angeln. Der Plan ging allerdings nicht auf, seine wahren Absichten hatten sich in England bald herumgesprochen, worauf die Damenwelt ihm *not amused* die kalte Schulter zeigte. So musste er Schloss und Park Muskau verkaufen, um das Branitzer Paradies zu erschaffen.

Fürst Pückler war auch sonst ein unkonventioneller Typ. Seine Reisebeschreibungen sind bis heute lesenswert, seine Augen waren scharf, sein Urteil bisweilen ebenfalls. So geißelte er die Engländer dafür, wie sie in Irland die Landbevölkerung unterdrückten und für große Armut sorgten.

»Unkonventionell« war er auch in anderer Hinsicht. Während einer Afrikareise erstand der Fürst auf dem Sklaven-

Im Reich von Fürst Pückler

markt von Kairo ein Mädchen von zwölf bis dreizehn Jahren, dem er den Namen Machbuba gab, »Geliebte«. Er brachte sie mit nach Europa, sie starb nur drei Jahre später an der Tuberkulose, in Muskau liegt sie begraben. Bis heute zeugt ein Gemälde von ihrer Schönheit.

»Na ja, unkonventionell ... ich weiß ja nicht. Zwölf bis dreizehn Jahre ... klingt für mich eher pädophil.«

»Kann sein, aber wir wollen dem Fürsten nicht Unrecht tun. Das wahre Verhältnis der beiden zueinander bleibt nämlich im Dunkeln. Bekannt ist lediglich, dass er sich sehr darum bemüht hat, dem Mädchen ein Höchstmaß an Bildung zukommen zu lassen. Vielleicht wollte der kinderlose Fürst sie lediglich vor einem schlimmen Schicksal bewahren.«

Die Runde, die wir durch den Branitzer Park drehen, ist märchenhaft: sanfte Hügel, Schwanenteiche, Frühlingsblumen, eine weitere Pyramide, dieses Mal auf dem Festland. Das zierliche Schloss fügt sich bescheiden ein, ebenso die kleinen Kunstwerke, die im Sonnenschein leuchten. Im Schloss befindet sich das Fürst-Pückler-Museum, hier kann man mehr über das Leben des Dandys erfahren.

Cottbus – schöne Bauten und viel Kultur

Am Tierpark vorbei geht's nun nach Cottbus hinein, wir staunen über die hübsche Stadt. Trotz schlimmer Zerstörungen im Zweiten Weltkrieg leuchten viele Fassaden wieder in freundlichen Pastelltönen, Bürgerhäuser grüßen mit fantasievollen Giebeln, großzügig sind die zentralen Straßen und Plätze gestaltet. Besonders hervorzuheben sind das *Brandenburgische Apothekenmuseum* am Altmarkt, die wiederbelebte *Cottbuser Baumkuchen Manufaktur* und gleich nebenan das *Wendische Museum*. Wie im oberlausitzischen Bautzen (siehe Seite 66 ff.) kann man sich auch in Cottbus, der heimlichen

Erst Schlosskirche, nun Synagoge mit Mesusa

Hauptstadt der Niederlausitz, über das Leben der Sorben informieren.

Auch Cottbus' Kirchen lohnen den Besuch. Die Oberkirche St. Nikolai, das größte Gotteshaus der Niederlausitz, ist eine aus Backsteinen gemauerte dreischiffige Hallenkirche. In die Oberkirche ging die reichere deutsche Oberschicht, während die ärmeren Wenden in die Unterkirche gingen, eine ehemalige Klosterkirche. Ob man einen Blick in St. Nikolai werfen darf? Wir haben Glück. Engagierte Gemeindemitglieder halten die Kirche auch in Coronazeiten offen.

Der hohe Raum ist beeindruckend, das Stern- und Netzrippengewölbe licht und hell, und auch der reich verzierte Altar aus dem Jahr 1661 aus Sandstein, Alabasterfiguren und Holzschnitzereien ein Meisterwerk. Die Passionsgeschichte ist an den Rand gerückt, im Zentrum steht die Auferstehung, was unsere Zustimmung findet; im Zentrum sollte immer das Leben stehen und nicht das Leid. (Was auch fürs Radeln gilt.) Auf den hohen Kirchturm könnte man hinaufsteigen, ebenso auf den Spremberger Turm, der die mittelalterliche Stadtmauer bewachte. Seine markanten Zinnen stammen allerdings aus späterer Zeit, die Pläne wurden von Karl Friedrich Schinkel (1781–1841), dem Architekten (siehe auch Seite 218) des preußischen Königs, höchstpersönlich genehmigt.

Neben der Nikolaikirche ist auch die Schlosskirche einen Besuch wert.

»Schlosskirche« heißt sie, weil der Prediger der deutsch-reformierten Gemeinde zugleich auch der Hofprediger war. Errichtet wurde die Barockkirche 1705 von den Hugenotten, den Glaubensflüchtlingen aus Frankreich, denen Kurfürst Friedrich Wilhelm wegen ihres Fleißes auch aus wirtschaftlichen Erwägungen heraus Asyl gewährte. Rechts neben dem Hauptportal fällt ein für christliche Kirchen unüblicher Gegenstand auf, eine Mesusa. Seit September 2014 dient die Schlosskirche nun der jüdischen Gemeinde als Gotteshaus. Die Mesusa enthält auf Pergament geschriebene Thora-Texte.

»Warum hängt die Kapsel schräg?«

»Zwei Rabbiner haben sich gestritten. Soll man die Mesusa waagrecht oder senkrecht annageln? Man einigte sich auf einen Kompromiss.«

Manch Kompromiss fällt eben schräg aus, das ist vielleicht sein Wesenskern. Die richtige Lösung ist allein Gott vorbehalten, lautet eine weitere Erklärungsversion für die schräge Hängung.

Die Sonne klettert über Cottbus' Dächer, Zeit für eine kleine Erfrischung – und zwar auf original Cottbuser Art. Wir fragen eine Dame nach einer Eisdiele. Sie kennt sich aus und weist uns den Weg zum *Da Capo* in der Marktstraße, eine echte Cottbusserin vermutlich. Oder sagt man »Cottbuserin«? Egal, selbst der Duden erlaubt beide Varianten. Drei Minuten später stehen wir im braven 1,5-Meter-Abstand an der Eisdiele an. Wir sind gespannt, ob man unseren Wunsch erfüllen wird. Langsam rücken wir näher, alles geht sehr diszipliniert zu. Nach der Infektionsschutzverordnung dürfen Speisen erst nach fünfzig Meter Abstand verzehrt werden, sonst macht man sich strafbar. Ob das auch für Eiswaffeln gilt? Das Hinuntertropfrisiko erscheint uns nicht unbedenklich. Wir beschließen, lieber einen Becher zu bestellen.

»Einen Becher Fürst-Pückler-Eis, bitte!«

Wir sind entzückt. Der junge Italiener kennt sich aus. Drei Kugeln: Erdbeere, Vanille und Schokolade. Der Klassiker. Der Koch Louis Ferdinand Jungius, der es damals zum königlich-preußischen Hofkoch brachte, rührte einige Jahre auch für Fürst Pückler den Löffel, ihm widmete er sein dreischichtiges Sahneeis. Sahne aber ist cremig, deshalb schmilzt das Eis sehr schnell. Als Kinder stellte uns die Fürst-Pückler-Schnitte vor große Herausforderungen. Die Schnitte ist bekanntlich an beiden Flachseiten mit einer Waffel versehen, zwischen denen es schnell dreifarbig heraustropft. So musste man, besonders an heißen Tagen, eine spezielle Schlecktechnik anwenden: Mit der Zunge im Rechteck um das Eis herum, bis man die Waffelseiten zusammenklappen konnte und aus der Fürst-Pückler-Schnitte eine Fürst-Pückler-Tasche geworden war, in die man nun risikolos hineinbeißen konnte. Der leicht pappige Geschmack der Waffel bleibt unvergessen.

Wir haben unser Fürst-Pückler-Eis unfallfrei verputzt und bleiben noch einen Augenblick auf einer Bank am Markt sitzen.

»Sag mal dreimal hintereinander: Der Cottbuser Postkutscher putzt den Cottbuser Postkutschkasten.«

»Wie bitte?«

»Dreimal hintereinander: Der Cottbuser Pottputzer …«

Der Herr neben uns lacht. Wir kommen ins Gespräch. Er bedauert, dass wir keine Runde mit der Postkutsche drehen dürfen, obwohl keiner seine Kutsche gründlicher putzt als der Cottbuser. Verwundert schaut er drein, als er hört, dass wir in diesen Zeiten reisend unterwegs sind. Wir erzählen, dass wir durch den Spreewald nach Berlin wollen und deuten auf unsere Kamera. Da schüttelt er erst recht den Kopf und sagt, wenn wir durch den Spreewald wollen, sollten wir besser Pfingsten wiederkommen. Das sei die optimale Zeit, dann spiegele sich der Wald am schönsten in den Teichen und Kanälen, außerdem glaube er kaum, dass wir aktuell eine Bootstour machen können, und was sei der Spreewald, ohne einmal hindurchgestakt zu werden?

Reise unterbrechen? Pfingsten weitermachen? Wir blicken uns an. Aber wir wollten doch … Eine Diskussion entspinnt sich. Schnell wird Google befragt. Tatsächlich, alle Spreewaldkähne liegen angekettet am Ufer, lahmgelegt von Corona. Haben wir Pfingsten schon was vor? Nun, man soll immer auf die Einheimischen hören. In Cottbus kann man die Fahrt leicht unterbrechen, die Zugverbindungen sind gut, und Pfingsten machen wir einfach weiter. Ist ja schon in ein paar Wochen. Der Herr nickt zufrieden und empfiehlt uns, auf dem Weg zum Bahnhof noch am Theater vorbeizufahren. Das Cottbuser Theater sei nämlich etwas ganz Besonderes.

Jugendstil! Das ganze Viertel. Prächtige Fassaden auch aus der Gründerzeit, dazwischen der eigenwillige Theaterbau. Das Cottbuser Staatstheater wurde 1907/1908 nach Plänen von Bernhard Sehring errichtet, der in Berlin auch das *Theater des Westens* gebaut hatte. *Minna von Barnhelm* von Lessing wurde hier in Cottbus zur Premiere gegeben. Cottbuser Bürger hatten sich das Theater erkämpft, Cottbuser Bürger sind es auch gewesen, die nach dem Zweiten Weltkrieg seine Sprengung verhinderten. Bis heute gibt es ein Vier-Sparten-

Cottbus – Prachtarchitektur aus unterschiedlichen Zeiten

Programm, das heißt Schauspiel, Musiktheater, Orchester und Ballett.

Aber Cottbus hat noch mehr zu bieten als Jugendstil und Mittelalter. Beispielsweise ist auch der Umbau der historischen Alvensleben-Kaserne in ein modernes Büroquartier gelungen. Gleich dahinter liegt der Bahnhof. Ade, du schönes Spreeland! Pfingsten sind wir zurück. Hoffentlich kann man dann wieder durch den Spreewald staken.

Vierter Reisetag

Von Cottbus in den Spreewald und nach Schlepzig

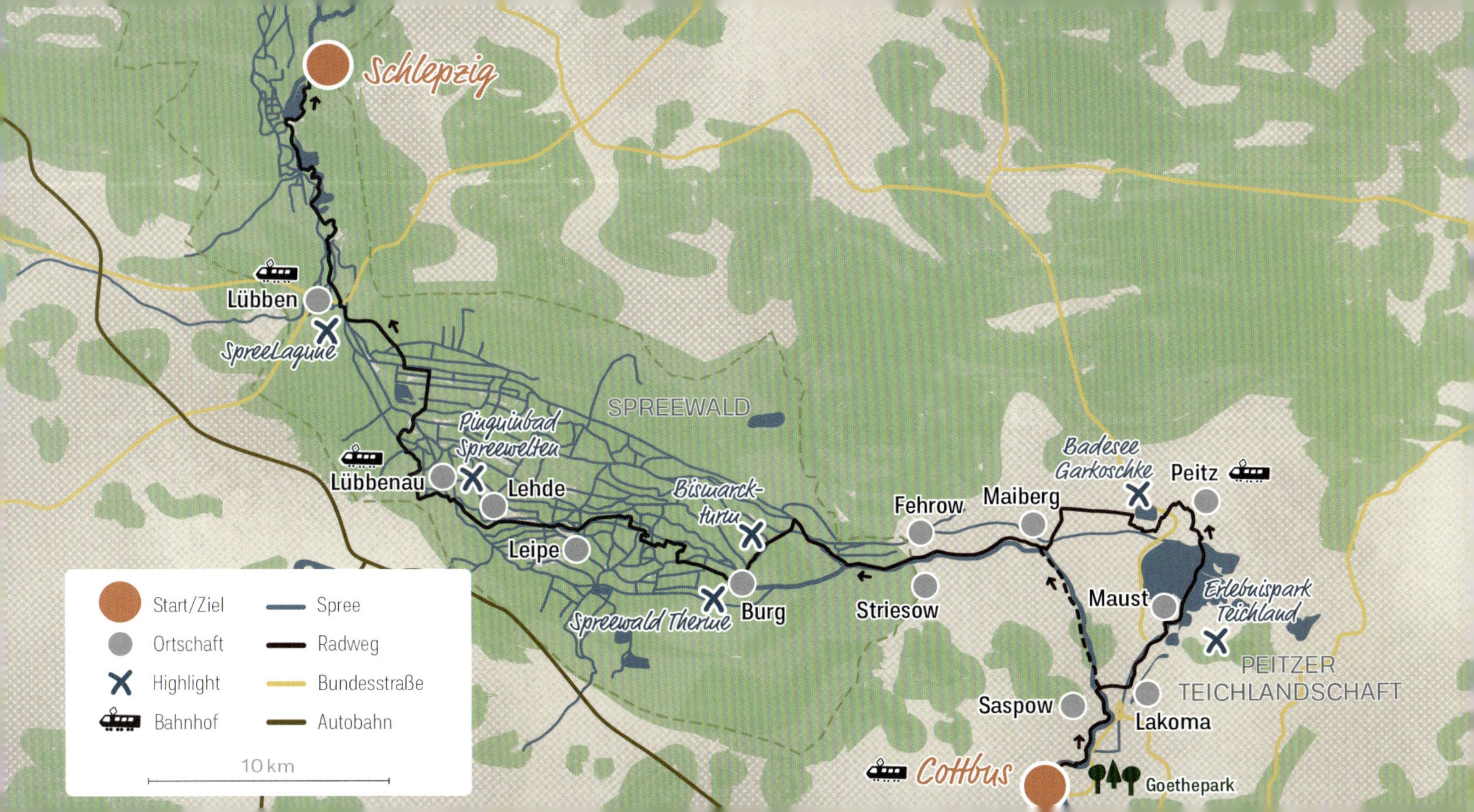
Schlepzig
Lübben
SpreeLagune
SPREEWALD
Pinguinbad Spreewelten
Lübbenau
Lehde
Leipe
Bismarckturm
Burg
Spreewald Therme
Fehrow
Striesow
Maiberg
Badesee Garkoschke
Peitz
Maust
Erlebnispark Teichland
PEITZER TEICHLANDSCHAFT
Saspow
Lakoma
Cottbus
Goethepark
Start/Ziel
Ortschaft
Highlight
Bahnhof
Spree
Radweg
Bundesstraße
Autobahn
10 km

Vierter Reisetag

Von Cottbus in den Spreewald und nach Schlepzig

Schwierigkeitsgrad: mittel bis schwer (aufgrund der Länge)
Reine Fahrtzeit: ca. 4 h 45 min
Länge: ca. 88 km
Höhenunterschied: ↑ ca. 50 m - ↓ ca. 70 m
Wegbeschaffenheit: gut ausgebaute (Rad-)Wege, großteils asphaltiert, zum Teil Feinsplitt

Von Cottbus zur Spreewehrmühle

Pfingsten! Wir sind wieder »on tour« und zwar bei schönstem Frühlingswetter. Die Kirschbäume sind verblüht, dafür blühen jetzt die Kornblumen und der Mohn. Man scheint der Natur wieder mehr Platz einzuräumen, zumindest an den Randstreifen des Weges. Aus Cottbus hinaus geht es entlang der Mühlenstraße zunächst durch ein historisches Industriegelände, schick saniert.

Auch das *Brandenburgische Landesmuseum für moderne Kunst*, untergebracht in einem ehemaligen Dieselkraftwerk aus den 1920er-Jahren, ist ein Hingucker. Großes kann entstehen, wenn man alten Industrieanlagen neues Leben einhaucht, die Sammlung mit 30.000 Exponaten vom Dresdner Expressionismus bis zur Gegenwart ist einzigartig. Auch die überregional bekannten Sonderausstellungen locken hoffentlich wieder bald zum Besuch. Nun geht es durch den nächsten Cottbuser Park. Man hat ihn nach Goethe benannt, denn auch der Herr Geheimrat ist ein großer Gartenliebhaber ge-

Cottbus – Industriekultur an der Spree

wesen. Wie er das Tal an der Ilm, in dem sein Weimarer Gartenhaus gestanden hat (und noch steht) zu einem herrlichen Landschaftsgarten umgestaltet hat, ist nicht schlecht.

So wie wir nach Cottbus hineingeradelt sind, radeln wir auch wieder hinaus: auf alten Deichen, im Schatten einer alten Allee. Kurz hinter Cottbus lädt ein lauschiger Biergarten erste Frühschoppler ein, er gehört zu dem hübschen Restaurant, das in einer alten Mühle untergebracht ist, der *Spreewehrmühle*. Das Mühlrad, es dreht sich noch und findet zahlreiche Bewunderer. Ein Schild allerdings warnt vor zu großer Neugierde: Nicht mit dem Schlips hineingeraten, sonst geht's rund.

Die Peitzer Teichlandschaft

Hinter Saspow muss man sich entscheiden: Spree-Fanatiker und solche, die abkürzen wollen, radeln geradeaus und bleiben direkt am Fluss, Naturfreunde machen einen Schlenker nach rechts und kommen durch einen Ort mit dem wahrscheinlich »indianischsten« Namen Brandenburgs (Lakoma) über Maust zu den Peitzer Teichen. Bevor wir, wie einst Moses durch das Rote Meer, auf schmalem Pfad die Wasserlandschaft durchschneiden, lockt ein Uferbiergarten verführerisch. Auch übernachten kann man in der *Maustmühle*, sicher sehr ruhig, außer die Frösche proben ihr Sommerkonzert.

Die Peitzer Teiche gelten als die größte bewirtschaftete Teichlandschaft Europas, was sich auch bei den Kormoranen herumgesprochen hat, ein ausgesprochen hungrig aussehen-

Spreewehrmühle: Und sie dreht sich doch!

des Exemplar lauert im Schilf. Kormorane und Fischer, eine ewige Feindschaft, die so nicht sein müsste, wie ein Blick nach China beweist: Die Chinesen haben sich die gefräßigen Fischräuber zu Freunden gemacht, sie haben die Vögel zwar gejagt, nicht aber, um sie zu töten, sondern um ihnen einen Halsring zu verpassen. Kormorane können ihre Beute nämlich nur im Ganzen hinunterschlucken. Vom Ring gehindert, spuckt der Kormoran den Karpfen wieder aus und wird dafür mit einem Stück Fisch belohnt. Eine »Win-Win-Situation«, die auch in anderen Ländern praktiziert wurde und noch wird. Ein Modell auch für Peitz? Tierschützer würden vermutlich heftig mit dem Kopf wackeln. Und wohl auch zu Recht.

In Peitz liegt ein *Filmtheater* am Weg, es heißt tatsächlich noch so, schön, dass das Kinosterben noch nicht jeden Ort

Peitz: Halbinsel an den Teichen

in der Provinz erfasst hat. Die Hinweistafel allerdings ist leer, nur ein kleiner Zettel kündigt Hollywood an.

»Um die halbe Stadt« heißt tatsächlich die Straße, die der *Spree-Radweg* nun nimmt; schwenkt man an deren Ende nach rechts ab und folgt vorerst nicht mehr dem *Spree-Radweg*, sieht man auch die andere Hälfte, mit der schönen Stadtkirche zum Beispiel.

Wie wir ein paar Meter zurücktreten, um die Kirche zu fotografieren, spricht uns ein Mann im schönsten Berlinerisch an. Die gleiche Kirche gebe es auch in Berlin im Tiergarten und noch irgendwo in der Mark Brandenburg. Frühe Serienproduktion des preußischen Haus- und Hofarchitekten und Schinkel-Schülers Stüler. Warum auch das Rad stets neu erfinden? Und die Peitzer Kirche sei deshalb so groß, weil die Leute aus den umliegenden Dörfern jeden Sonntag nach Peitz gelaufen seien. Oder kutschiert. Oder gepaddelt.

Gleich hinter der Kirche liegen die Reste des alten Festungsturms. Brandenburg und Böhmen stritten lange um Peitz, es siegten die Brandenburger. Johann V., Markgraf der Neumark, ließ Mitte des 16. Jahrhunderts die Stadt befestigen. Auch Industriegeschichte hat Peitz geschrieben. Das Erz, das man hier fand, wurde schon im 16. Jahrhundert verhüttet, der Alte Fritz machte das Werk zu einer der bedeutendsten Waffenschmieden Preußens. Die rekonstruierte Werkanlage kann besichtigt werden.

Beim Herausradeln aus der Stadt zeigt sich uns ein rührendes Bild. Eine alte Frau mit gebeugtem Kopf ist damit beschäftigt, mit einem Holzstock Kieselsplitter für Kieselsplitter von der Straße zu schlagen. Und es liegen wohl noch Hunderte weitere Splitter auf dem Asphalt. Warum sie keinen Besen nimmt? Vielleicht, weil sie dann den ganzen Tag über nichts mehr zu tun hätte? Oder – schönerer Gedanke – sie trainiert fürs Minigolfspiel mit ihren Enkeln. Im nahe gelegenen *Erlebnispark Teichland* wäre dies möglich – dort ist für

Garkoschke: beste Wasserqualität

Jung und Alt überhaupt viel geboten, besonders die Sommerrodelbahn lockt zahlreiche Besucher.

Von Peitz nach Burg in den Spreewald

Hinter der Stadtgrenze liegt versteckt in einem Waldstück ein schöner See, »Garkoschke« heißt er, wie ein Berliner Hausmeister. Die Sonne scheint so herrlich, nichts wie rein ins Wasser.

Anschließend lassen wir uns noch die Niederlausitzer Sonne auf den Pelz brennen und lauschen dem Kuckuck, der nicht aufhören will zu terzen (er schafft nur selten eine Quart). Wir hätten ihn fragen sollen, wie viele Jahre uns noch auf dieser schönen Welt geschenkt werden, er hätte es uns zugerufen – so ein alter Volksglaube. Der Kuckuck ist im Übrigen ein schönes Symbol für den Sieg der Liebe über die Biologie: Kuckuckskinder nehmen keinen Schaden, obwohl sie von Pflegevögeln aufgezogen werden. Brutpflege geht vor Blutsverwandtschaft. (Wenn Sie durch Ihr Wissen beeindrucken wollen, lassen Sie Ihre Reisekameraden raten, ob da eben ein weiblicher oder männlicher Kuckuck gerufen hat. Männlich ist in dem Fall immer richtig, die Weibchen haben kein Balzgehabe nötig.)

Die Malxe, zu der wir bald gelangen, ist eines der zahllosen Spreebegleitgewässer der niederen Lausitz. Schwingt man nicht gleich zu ihrem Ufer ein, sondern kreuzt sie und fährt etwa hundert Meter weiter, gelangt man zu den Resten einer historischen Windmühle. Offensichtlich ist das Gefälle der Fließe, wie man die Bachläufe und Kanäle hier nennt, in

Bei der Malxe: gerupfte Windmühle und mehr

dieser Gegend so gering, dass sich mit Wasserkraft keine vernünftige Energie erzeugen ließ, so musste die Windkraft herhalten. Leider hat's die alten Windräder davongeweht, eine Windmühle ohne Flügel sieht doch ziemlich gerupft aus.

Nun aber wirklich ab zur Malxe! Die Landschaft ist weit und offen, vom Spreewald ist noch nicht viel zu sehen. Die Spree aber gibt sich jetzt jede Mühe, ihrem Namen (siehe Seite 18) gerecht zu werden, sie verzweigt sich immer weiter. Wer zählt die Gräben, die sie füllt, die kleinen und kleinsten Kanäle, die das Marschland und die Felder durchziehen? Eines der größten Binnendeltas Europas liegt vor uns.

»Spree und Spray, der Gleichklang ist bestimmt nicht zufällig.«

»Die Spree verspraypt sich.«

Sympathisch. Während andere Flüsse gierig Nebenflüsse aufsaugen, macht es die Spree genau andersherum: Sie verschenkt sich, spendet anderen Läufen willig ihr Wasser, nimmt sich selbst nicht so wichtig.

»Sie weiß eben, dass sie alles wieder zurückbekommt.«

»Und wenn schon. Geben ist seliger als Nehmen.«

»Na, dann gib mal Gas!«

Vor uns erstreckt sich eine Ebene, wir schwenken ein in das Baruther Urstromtal. »Urstromtal« – das Wort klingt so wunderbar geheimnisvoll. Was es damit auf sich hat?

Das Baruther Urstromtal

Wir machen eine Zeitreise, 20.000 Jahre zurück. Was sich vor uns ausbreitet: riesige Wassermassen, geschmolzenes Eis, das sich einst aus dem hohen Norden herbeigewälzt hat, aus Skandinavien, mächtige Gletscher, mehrere Hundert Meter dick. In einem breiten Strom fließt das Tauwasser nun nach Westen, hin zu einem Fluss, den man einmal die Elbe nennen wird. Der

Burg im Spreewald: Schlossberg mit Bismarckturm

Eispanzer, der sich bis zum breiten Rand der Mittelgebirge geschoben hat, er schmilzt. Das Klima ist milder geworden, wärmer die Sonne. Gemächlich und ruhig mäandert der Urstrom durch die Lausitz, das Gefälle ist gering, da kann man sich Zeit nehmen, kann bald hier, bald da eine Schleife machen und den bis zu zwanzig Kilometer breiten Streifen dazwischen eben wie einen Tisch scheuern. Zurück lässt der Urstrom zu Sand gemahlene Steine. Später, als er nach einigen Hundert Jahren trockenfällt, auch Sümpfe und Moore. Und ein perfektes Bett für einen neuen Fluss: die Spree.

Nicht das ganze Urstromtal hat sich die Spree ausgesucht, nicht zur Elbe will sie, jedenfalls nicht sofort. Sie knickt vorher nach Norden ab, mal sehen, ob uns die Stelle auffällt.

Hinter Maiberg – nach einem Berg hält man vergeblich Ausschau – wird die Landschaft zur Linken wild und urtümlich. Man hat die Spreeauen renaturiert, ein Ausgleich zum Braunkohletagebau; Auerochsen weiden wieder hier, wie vor Hunderten von Jahren, erfolgreich rückgezüchtet. Ein Deal mit der Natur: Knabbert der Mensch an der einen Ecke, muss er an der anderen wieder etwas zurückgeben.

Erhöht auf einem Deich geht es am Spreeufer entlang, Orte wie Striesow, Fehrow oder Schmogrow wandern vorbei. Der Endung »-ow« begegnet man hier häufig. Gewöhnlich spricht man das »w« nicht aus, sondern endet mit einem lang gezogenen »o«. Man könnte das »ow« mit Fug und Recht auch wie »au« aussprechen, leitet sich die aus dem Slawischen stammende Endung doch von einer Aue, einer Flussniederung ab.

Vor dem Kurort Burg erhebt sich ein eindrucksvoller Turm in den Himmel.

Der Schlossberg mit dem Bismarckturm

Der Hügel ist von alters her ein beliebter Siedlungsort gewesen. Schon der Steinzeitmensch hat an diesem Ort seine Spuren hinterlassen, eine Erdburg ist nachgewiesen, und in der Bronzezeit stand hier die größte Wallanlage der Lausitzer Kultur. Mancher vermutet gar das Heiligtum der Semnonen an dieser Stelle, des legendären germanischen Volksstamms, von dem uns schon der alte Tacitus berichtet hat. Um ihrem obersten Gott zu huldigen, sollen die ältesten und vornehmsten Semnonen zu bestimmten Zeiten an diesem Berg zusammengekommen sein. Niemand aber durfte sich an diesem Ort ohne Fesseln bewegen, fiel man zu Boden, musste man sich rollend aus dem heiligen Bezirk entfernen. Dies sollte die Ohnmacht des Menschen gegenüber dem allmächtigen Gott bezeugen.

Bis ins letzte Jahrhundert vermutete man versteckte Schätze im Berg, und man hätte ihn wahrscheinlich völlig abgetragen, wenn man 1915 nicht damit begonnen hätte, den Bismarckturm auf seine Höhe zu stellen. Es entbehrt nicht einer gewissen Ironie, dass mit seiner Fertigstellung 1917 das von Bismarck geschaffene Deutsche Kaiserreich in die Brüche ging.
1945, nach Ende des nächsten Krieges, hätte man den Turm fast gesprengt, das Dynamit war schon angebracht; man vermutet, ein russischer Kommandant habe die Aktion im letzten Moment abgeblasen, gesichert ist das aber nicht.

»Wenn man nächtens hoch auf dem Turm die Feuerschale entzündete, wird die Fackel weit über das Spreeland geleuchtet haben.«

»Praktisch! Ein Leuchtturm für die Spreewaldkähne.«

»1,5 Millionen Backsteine hat man für den Turm verbaut.«

Natürlich müssen wir hinauf, ein Panoramafoto schießen. Im Eingangsbereich begrüßt uns mit entschlossen-ernster Miene Fürst Bismarck höchstpersönlich. Seine Büste steht auf einem Sockel, von farbig glasierten Kacheln hübsch umrahmt. Einen Aufzug gibt es nicht, also wird hinaufgestiegen, 112 Stufen. Auf 28 Metern Höhe angekommen geht der Blick ewig weit über das Land, besser gesagt, über die Wälder: Wald, Wald, Wald, wohin man blickt. Vor uns, also in westlicher Richtung, liegt der berühmte Spreewald; bei sehr klarer Sicht soll man im Nordwesten mit dem Fernglas sogar die Halle von *Tropical Islands* erblicken können – des Südseebadeparadieses in der umgebauten Cargolifter-Werfthalle in Krausnick. Im Norden, nicht ganz so weit entfernt, spitzen die Türme der Straupitzer Kirche aus dem Grün; munter drehen sich links daneben die Windräder von Neu Zauche. Östlich ist die Silhouette von Cottbus zu erahnen, und südlich, schon relativ gut zu sehen, die Kirche von Burg. Die größte Streusiedlung Deutschlands ist unser nächstes Ziel. Zuvor jedoch wollen wir uns stärken, das Restaurant am Fuße des Bismarckturms besitzt einen hübschen Biergarten.

Zum Hauptgericht testen wir die Spreewaldgurken in Salatform (mit Sahne und Dill: köstlich!), als typisches Getränk wird uns *Kirchers Gurkenradler* empfohlen. Auf dem Etikett radelt tatsächlich eine Gurke herum. Wir schauen ein wenig skeptisch. Bier mit Gurkenbrause gemischt? Der erste Schluck ist etwas gewöhnungsbedürftig, der zweite schmeckt schon besser.

Spreewälder Gurken

Was macht eigentlich das Geheimnis der Spreewälder Gurke aus? Die einen sagen, es ist der Boden. Humushaltig, torfig und

zugleich etwas sandig, stets ein bisschen feucht, erwärmt er sich im Frühjahr rasch und lässt die Gurken nur so sprießen. Andere sagen, das eigentliche Kunststück sei die richtige Verarbeitung, wobei jede Einlegerei ihr Geheimrezept hütet.
Früher mussten die Gurken über Wochen in speziellen Holzfässern reifen, heute geht alles viel schneller. Mit etwas Natronlauge kommen die Gurken in ein siebzig Grad heißes Schwitzbad, diverse Gewürze - wie Zitronenmelisse, Basilikum oder auch Blätter von Wein, Kirsche oder Nuss - tun ihr Übriges, um später das Wasser im Munde des Genießers zusammenlaufen zu lassen. Auch als Senfgurke oder als saure Gurke eine Delikatesse.
Flämische Tuchhändler haben die Samen für die ersten Gurken Ende des 16. Jahrhunderts in den Spreewald gebracht, heute werden 32.000 Tonnen jährlich geerntet und in alle Welt verschickt. Echte Gurkenfreaks lassen den Spree-Radweg links liegen und zirkeln den »Gurkenradweg« ab, entlang der 260 Kilometer kommt man an zahllosen Gurkenfeldern vorbei, über die zur Erntezeit im Juli und August die bekannten Gurkenflieger mit bis zu vierzig Pflückern segeln, an Gurkeneinlegereien und Konservenfabriken mit Besichtigungs- und Gurkenverköstigungsmöglichkeiten.
Auch Filmgeschichte schrieb die Spreewälder Gurke. Der Film »Good Bye, Lenin!« erzählt vom Fall der Berliner Mauer. Daniel Brühl als Alexander Kerner muss darin seiner aus dem Koma erwachten Mutter, einer überzeugten Sozialistin, mehr oder weniger auf Anraten der Ärzte, das Fortbestehen ihrer geschätzten DDR vorgaukeln. Bald schon verlangt sie ihre geliebten Spreewaldgurken, worauf eine hektische Suche nach einem Original-DDR-Gurkenglas beginnt.

Schwierigkeiten gab es in den letzten Jahren, eine Kandidatin für das Amt der Gurkenkönigin zu finden. Der *Spreewaldverein* richtete einen flehentlichen Appell an die Landestöchter: *Wer keine Scheu davor hat, als Botschafter die Spreewaldregion auf Messen, Veranstaltungen und Empfängen zu repräsentieren und mit prominenten Vertretern von Politik, Wirtschaft und Kultur ins Gespräch zu kommen, sollte sich umgehend beim Spreewaldverein melden.*

»Und?«

»Leider vergebens.«

»Aber warum will denn niemand mehr Gurkenkönigin werden?«

»Na ja, Gurkenkönigin … Wärst du gerne Gurkenkönig?«

»Vielleicht sollte man sie ›Gemüseprinzessin‹ nennen. Klingt hübscher. Wobei, unter Experten ist es noch strittig, ob Gurken tatsächlich Gemüse sind oder doch eher eine Obstsorte.«

»Obst? Gurken?«

»Obst wächst aus Blüten, so auch die Gurke.«

»Dann sollte man vielleicht nach einer Obstkönigin suchen, Spezialgebiet grüngekrümmte Köstlichkeiten.«

Der Spreewald ohne Gurkenkönigin, das ist ja wie Baiersdorf ohne Meerrettichkönigin. Also: Mutige vor! Mit prominenten Vertretern aus Politik, Wirtschaft und Kultur über Krümmungsradien und andere Gurkengeheimnisse zu diskutieren, wenn das nicht verlockend ist.

Von Natur aus ein friedliches Gemüse, ist um die Gurke aber schon heftig gestritten worden. Bestimmt erinnern Sie sich an den »Gurkenkrieg« Ende der 1990er-Jahre. Was war passiert? Die Spreewälder hatten bei der Europäischen Union den Antrag gestellt, die »Spreewälder Gurke« unter Markenschutz zu stellen. Nur noch Gurken, die sich im Spreewald gekrümmt hatten, sollten unter diesem Namen verkauft werden dürfen. Essiggurken »nach Spreewälder Art«

Heuernte wie anno dazumal, zu sehen im Burger Schau-Handwerkshof

stellte nämlich frecherweise auch die Konkurrenz aus dem Saarland, Niedersachsen und sogar aus Bayern unter anderem in die Aldi-Regale. Mit der Irreführung der Verbraucher sollte endgültig Schluss sein. Europa stellte sich klar vor die Spreewaldgurke und entschied in der Mitteilung im Amtsblatt vom 18. März 1999, das schmackhafte Gemüse in die Verordnung für geografische Angaben und Ursprungsbezeichnungen aufzunehmen. Seitdem ist es jedem »Ausländer« streng untersagt, den Spreewald auf dem Gurkenglas-Etikett wachsen zu lassen.

»Recht so! Der Spreewälder verkauft ja seine Wurstwaren auch nicht als Münchner Weißwürste …«

Burg, der zerstreuteste Ort der Republik, hat einen erheblichen touristischen Aufschwung erfahren, als man in

1.350 Metern Tiefe auf Thermalwasser stieß, das es mit seinem Mineraliengehalt locker mit dem Toten Meer aufnehmen kann. Äußerst gesund. Man errichtete einen Heilquellen-Kurbetrieb, die *Spreewald Therme*, mit modernster Bade- und Saunalandschaft. Wir Radler allerdings kommen auch ohne Sauna ins Schwitzen und verzichten erst mal auf den Test des Thermalwassers, obwohl es verlockend wäre, auf dem Rücken liegend Fontanes Reiseberichte vom Spreewald zu lesen.

Auch sonst hat Burg einiges zu bieten, Streuobstgärten und Gemüsefelder, dazwischen die typischen Blockbohlenhäuser der alten Sorben und natürlich die dicht verzweigte Fließlandschaft, in der eifrig gepaddelt wird. Wer will, kann im *Schau-Handwerkshof* traditionellen Fachleuten über die Schulter schauen, sich neue Pantoffeln anfertigen lassen, eine Salatschüssel aus Ton oder eine fantasievoll verzierte Tracht.

Im Labyrinth von Fließen – nicht verfahren!

Immer wieder stehen Heuschober auf den Wiesen, wie man sie früher in ganz Deutschland gesehen hat. Der Bau eines solchen Schobers war nicht einfach, es gehörte eine große Kunstfertigkeit dazu, das Heu richtig zu stapeln und es gegen eindringendes Wasser zu sichern. In den kleinen Scheunen fehlte der Platz, darum stellte man die Schober auf die Wiesen. Pro Heuschober brachte man eine Kuh durch den Winter.

Leipe, Lehde und Lübbenau: Venedig auf dem Lande

Der eigentliche Spreewald beginnt hinter den letzten verstreuten Häusern von Burg. Man taucht in ein malerisches grünes Blättergewölbe ein, durchzogen von einem Labyrinth aus Fließen. Das meiste davon ist Menschenwerk, von fleißigen Sorben geschaffen, um das feuchte Land urbar zu machen. Die Höfe baute man auf leichten Anhöhen, um bei Hochwasser keine nassen Füße zu bekommen. Zu erreichen waren viele nur auf dem Wasserweg, ein Venedig auf dem Lande.

Auch das Dörfchen Leipe, bereits 1315 urkundlich erwähnt, war lange eine Grundmoräneninsel und nur mit dem Kahn erreichbar. Erst ab 1930, als man das Land eindeichte, konnte man an den Straßenbau denken. Heute führt der *Spree-Radweg* mitten durch das Dorf. Wir stellen die Räder ab und lassen unsere Füße im Wasser baumeln, während wir dem Spiel der Libellen zuschauen. Wie elegant und schnell zugleich sie über das Wasser sausen, geschickte Propellertechnik. Ein Mädchen nutzt den Kanal zum Stand-up-Paddeln.

Mühsamer ist es, das schnucklige Lehde zu erreichen. Viele Häuser stehen hier auf eigenen Inseln, Kaupe genannt, jede hat selbstverständlich ihren eigenen Hafen, »Gässchen« genannt. Zum Glück sind die Wasserstraßen gut beschildert,

Lehde: buntes Leben im Spreewald

schließlich muss selbst der Postbote mit dem Bötchen kommen. Um die Wassergassen zu queren, schieben wir die Räder über hohe Holzbrücken, mit dem Marschgepäck nicht ganz unkompliziert. Während man die Wege durch den Spreewald meist für sich hat, herrscht in Lehde ein reges Treiben, Freilandmuseum, Bauernhaus- und Gurkenmuseum ziehen zahlreiche Besucher an.

Wir kehren etwas abseits ein, in einem Café mit angeschlossenem Paddelbootverleih. Von der Holzveranda aus kann man die unterschiedlichen Boote gut beobachten. Grob gesagt gibt es zwei Typen: das Kanu und den typischen Spreewaldkahn.

Daraus ließe sich ein Psychotest konstruieren. Sagen Sie uns, welches Boot Sie bevorzugen, und wir sagen Ihnen, was für ein Mensch Sie sind.

Kanu oder Spreewaldkahn? – ein Psychotest

Sie bevorzugen das Kanu? Darin sind Individualisten unterwegs, Menschen, die sich ungern vorschreiben lassen, wohin die Fahrt gehen soll. Der Kanufahrer vertraut am liebsten sich selbst, mag die Einsamkeit und fürchtet sich nicht vor unbekannten Gegenden. Zudem vertraut er seinen Schwimmkünsten.

Sie lassen sich lieber im Spreewaldkahn herumstaken? Dann lieben Sie die Geselligkeit, sind gerne in Gruppen unterwegs und haben kein Problem damit, sich fremder Führung anzuvertrauen. Im Gegenteil: Sie lieben es, von einem Experten gesteuert zu werden und dabei noch Interessantes über die Gegend zu erfahren. Der Spreewaldkahnfahrer hat keine Berührungsängste, ist von gemütlicher Natur, ein echter Genussmensch eben.

Auch wir sind Freunde der leiblichen Genüsse – und bestellen uns einen Pfannkuchen, der hier jedoch nicht Pfannkuchen heißt, sondern Plinse. Fluffig und fest zugleich, aus Hefeteig gebacken, eine sehr zu empfehlende Spreewaldspezialität.

Vom Spreewalddorf Lehde ist Lübbenau schnell erreicht. Am Hafen herrscht lustiges Leben, »Gurkenmeile« wird er von den Einheimischen auch genannt. Das mächtige Schloss, 1817 von Carl August Siegel errichtet, beherrscht den Ort, seine Bewohner müssen das Buch von Fürst Pückler (siehe auch Seite 99 f. und 124 ff.) gelesen haben, der Park jedenfalls wäre ganz nach dem Geschmack des Lausitzer Gartenkünstlers.

Das Schloss von Lübbenau

Durch blühende Moorwiesen

Von Lübbenau nach Lübben

Von Lübbenau nach Lübben rollt man fünfzehn schöne Kilometer durch eine abwechslungsreiche Landschaft. Über klappernde Holzstege quert man moorige Feuchtwiesen, in denen Dotterblumen sprießen, von den Deichen blickt man über eine weite Parklandschaft, und in den Wassern der Gräben und Kanäle spiegeln sich die ziehenden Wolken aufs Schönste. Sehr kontemplativ.

An einer Stelle liegen stolze Spreewaldbäume gefällt am Wegesrand.

»Vor lauter geschlagenen Bäumen sieht man den Wald nicht mehr.«

Landschaftspflege – muss sein. Und aus den Spreebäumen wird man vielleicht wieder schönste Blockhäuser errichten.

Paul Gerhardt – die Nachtigall des Spreewalds

Auch Lübben besitzt ein Schloss. Der dreigeschossige Bau aus der Spätrenaissance imponiert durch einen reichen Ostgiebel und ein prächtiges Stuckportal an der Nordseite, der ein Museum beherbergt. Uns aber lockt ein anderes Ziel, die Kirche am Markt. In ihr liegt nämlich die Nachtigall des Spreewalds begraben.

Paul Gerhardt

Ein Leben für das Lied und den Gesang. Kaum einen größeren Schöpfer geistlicher Gesänge hat es gegeben als Paul Gerhardt. Am 12. März 1607 in Gräfenhainichen, einem kleinen Ort bei Wittenberg, geboren, wird er schon in seinen Schülerjahren zum Vollwaisen. Man schickt ihn auf die sächsische Fürstenschule nach Grimma, zum Theologiestudium geht er nach Wittenberg.

Sechzig Jahre nach dem Tod von Martin Luther herrschen schlimme Zeiten. Der Dreißigjährige Krieg tobt auch in Sachsen, unversöhnlich stehen sich die Lager katholischer und protestantischer Fürsten gegenüber, es wird geplündert und gebrandschatzt, auch Gräfenhainichen wird in Schutt und Asche gelegt; die Pest bricht aus, Paul Gerhardts geliebter Bruder stirbt daran. Wie kann man bei all den Erfahrungen von Tod und Leid die Zuversicht behalten? 1642 zieht Paul Gerhardt an die Spree, nach Berlin, in die aufstrebende Residenzstadt. Dort hat er eine Stellung als Hauslehrer bei einem Juristen angenommen. Und freundet sich mit dem Kantor von St. Nikolai an, mit Johann Crüger. Zusammen werden sie das Kirchenlied revolutionieren. Kam zuerst das Lied und dann die Musik? Oder war es umgekehrt? Johann Crüger jedenfalls ist von den Gedichten seines Freundes begeistert: »Geh aus mein Herz, und suche Freud«, »Nun danket all und bringet Ehr«, »Auf, auf, mein Herz, mit Freuden«, »Ich singe dir mit Herz und Mund«. Welcher Christ kennt sie nicht, diese wunderbaren Lieder? Das wohl ergreifendste ist die Passionsklage »O Haupt voll Blut und Wunden«, das, von Johann Sebastian Bach aufgegriffen, quasi zum Weltkulturerbe wurde.

Noch heute enthält das Evangelische Gesangbuch 29 Lieder von Paul Gerhardt, mehr als von jedem anderen Dichter, und auch in den katholischen Messfeiern singen die Gläubigen sie mit Freude.

Schon seine Zeitgenossen lieben übrigens Paul Gerhardts Lyrik. Seine tiefe Frömmigkeit gepaart mit seinem Sinn für lebendige, der Natur entlehnte Bilder kommt gut an. Ein erfülltes, glückliches Leben aber ist Paul Gerhardt nicht gegönnt. Beruflich nicht und auch nicht privat. Vier seiner fünf Kinder muss er begraben; als seine Frau Anna Maria stirbt, er hatte sie als Hauslehrer unterrichtet und sich in sie verliebt, scheint seine Lebensenergie erloschen.

Hinzu kommt ein überflüssiger Streit mit dem Großen Kurfürsten, der ihn wegen einer nicht geleisteten Unterschrift, es geht um eine Loyalitätsbekundung, aus dem Kirchendienst verbannen will. Als der Kurfürst schließlich einlenkt, ist es zu spät. Paul Gerhardt ist zermürbt, will weg aus dem einst geliebten Berlin. 1669 zieht er nach Sachsen, nach Lübben in den Spreewald. Dort übernimmt er eine der drei Pfarrstellen, kümmert sich in der ärmlichen Gemeinde um deutsche und wendische Gläubige, eine Schwägerin führt ihm den Haushalt. Außer Eintragungen in den Kirchenbüchern ist aus den Lübbener Jahren nichts mehr erhalten, kein Vers, kein Lied. Die Nachtigall ist verstummt. Am 27. Mai 1676 stirbt Paul Gerhardt.

Der größte Sänger der Spree, hier liegt er begraben. Sehr zu begrüßen, dass man der Stadtkirche seinen Namen gab: *Paul-Gerhardt-Kirche*. Zu bestimmten Zeiten ist der Aufstieg auf den Turm möglich. Tönerne Köpfe rund um das

Eingangsportal stellen Promis der evangelischen Kirche dar, Martin Luther, Johann Sebastian Bach, Johann Hinrich Wichern, Philipp Melanchthon, August Hermann Francke, Georg Friedrich Händel. But: Who is Who? Auflösung auf Seite 160.

Dass ausgerechnet das beschauliche Lübben zum Ende des Zweiten Weltkriegs einen hohen Preis bezahlen musste, lag an einem Zufall. Zwei russische Marschälle stritten um die Ehre, Berlin als Erstes einnehmen zu dürfen. Stalin schnappte sich eine Landkarte, zog einen geraden Strich nach Lübben und sagte: »Wer als Erster bis dorthin vordringt, der soll Berlin erobern.« Mit unerbittlicher Härte begann der Kampf, das arme Lübben wurde in Schutt und Asche gelegt.

Heute ist Lübben wieder ein attraktives Städtchen. Klanggarten und Wasserspielplatz erfreuen Familien mit kleinen Kindern auf der Schlossinsel, Abkühlung verspricht die Badestelle *SpreeLagune*.

Von Lübben nach Schlepzig

In nördlicher Richtung verlässt die Spree die Stadt Lübben. Es wird wieder typisch spreewaldig. Unwillkürlich fangen wir an zu singen:

»Geh aus, mein Herz, und suche Freud
In dieser lieben Sommerzeit
An deines Gottes Gaben,
Schau an der schönen Gärten Zier.
Und siehe, wie sie mir und dir
Sich ausgeschmücket haben!«

Vielleicht war dies das Geheimnis von Paul Gerhardt, trotz aller Schicksalsschläge nicht zu verzagen und Trost und Freu-

Hier die Auflösung von S. 159:

A) Johann Hinrich Wichern, B) Martin Luther, C) Georg Friedrich Händel, D) Johann Sebastian Bach, E) Philipp Melanchton, F) August Hermann Francke.

Der Autor? Ein Spreewaldhase? Beides?

de zu suchen, nicht bei den Menschen, sondern in und durch die Natur.

Ein echter Spreewaldkahn aus Holz könnte ebenfalls etwas Trost gebrauchen, ganz mit Wasser gefüllt, droht er unterzugehen.

»Titanic auf der Spree.«

»Und das ganz ohne Eisberg …«

Ein Waldstück wird von einer Schneise zerschnitten. Hier fuhr sie lang, die legendäre Spreewaldbahn, die Bimmelguste. Auch »Spreewaldguste« nannte man die liebenswerten Schmalspurloks, die auf Dämmen durch den Spreewald schnauften. Am 16. März 1897 erfolgte der Startschuss mit der Grundsteinlegung des Straupitzer Bahnhofs. Von hier aus wurden vier Strecken durch den Spreewald gelegt, nach Lübben, nach Goyatz, über Burg nach Cottbus und nach Lieberose. Wirtschaftlich erfolgreich war das Unternehmen nicht lange, in der Nacht vom 3. auf den 4. Januar 1970 fuhr bei dichtem Schneetreiben der letzte Reisezug auf der letzten verbliebenen Strecke zwischen Cottbus und Goyatz. Die Gleise sind auf diesem Streckenabschnitt noch erhalten, achtlos liegt ein altes Warnschild auf dem Boden, das sofort für ein Erinnerungsbild genutzt wird. Wer kennt dieses seltsame Zwitterwesen?

Gleich hinter der Eisenbahnstrecke ist eine besonders malerische Seenkette zu bewundern, dicht an den schilfbestandenen Ufern geht es dahin, eine Teichlandschaft wie von einem himmlischen Künstler gemalt. Hinter dem Inselteich liegt unser Tagesziel: Schlepzig.

Bereits im Jahre 1004 wurde »Slopisca« urkundlich erwähnt. Hübsch die Fachwerkkirche; in einem weiteren Fachwerkbau, dem Haus des Dorfschulzen, kann man sich in einem kleinen Museum über das bäuerliche Leben der einstigen Spreewaldbewohner informieren. Vom Fenster unseres Hotels mit dem nostalgischen Namen *Seinerzeit* sieht man einen Kahn auf der letzten Fahrt des Tages vorbeistaken. Sehr

Schlepzig: zum Schluss eine Gurkensuppe

nett sitzt es sich im Biergarten am Teich, an dem sich ein hoher Weidendom erhebt. Wir beginnen unser Abendessen mit einer Suppe, die erfrischend kalt daherkommt, ist sie doch aus Gurken gemacht.

Auch Fisch darf auf einer echten Spreewälder Speisekarte nicht fehlen. Wie aber veredelt man Zander, Hecht und Aal am schönsten? Natürlich kann man die Spreefische auch puristisch mit Butter und Kartoffeln servieren, von der Spreewaldsauce begleitet aber wird das Essen erst zum Ereignis. Schon Theodor Fontane wusste davon zu berichten, als er auf Recherchetour durch die Mark Brandenburg im Spreewald bootswanderte. Im Anhang finden Sie unser Lieblingsrezept (siehe Seite 234).

Von der friedlichen Abendstimmung angelockt, schwimmen braune Fellwesen durch den Teich herbei, um auf den

Fünfter Reisetag

Vom Unterspreewald vor die Tore Berlins

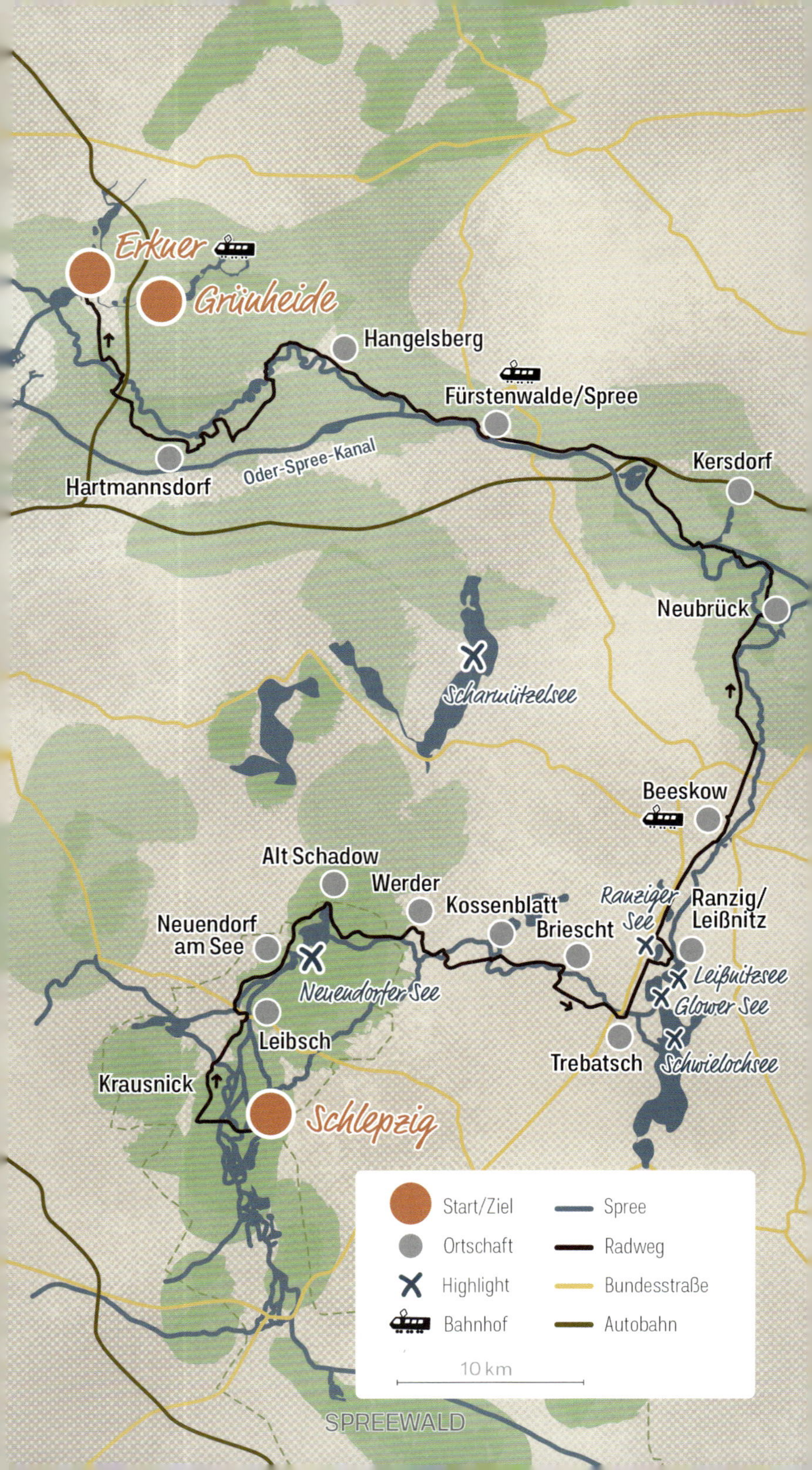
Erkner
Grünheide
Hangelsberg
Fürstenwalde/Spree
Hartmannsdorf
Oder-Spree-Kanal
Kersdorf
Neubrück
Scharmützelsee
Beeskow
Alt Schadow
Werder
Kossenblatt
Briescht
Ranziger See
Ranzig/Leißnitz
Neuendorf am See
Neuendorfer See
Leißnitzsee
Glower See
Leibsch
Trebatsch
Schwielochsee
Krausnick
Schlepzig
Start/Ziel
Spree
Ortschaft
Radweg
Highlight
Bundesstraße
Bahnhof
Autobahn
10 km
SPREEWALD

Fünfter Reisetag

Vom Unterspreewald vor die Tore Berlins

Schwierigkeitsgrad: mittel bis schwer (aufgrund der Länge)
Reine Fahrtzeit: ca. 6,5 h
Länge: ca. 130 km
Höhenunterschied: kaum bemerkbar
Wegbeschaffenheit: gut ausgebaute Radwege, zum Teil asphaltiert, zum Teil Feinsplit; kurze Abschnitte auf (mäßig befahrenen) Landstraßen

Hinaus aus dem Spreewald: von Schlepzig nach Trebatsch

Am Morgen überlegen wir im Hotelfoyer noch kurz, ob wir uns an dem reich gefüllten Schrank bedienen sollen, der mit zahlreichen Spreewaldspezialitäten gefüllt ist. Doch unsere prall gefüllten Radlertaschen sprechen gegen die lockenden Gurkengläser. Zum Glück kann man die Spreewaldgurken ja auch in Berlin erstehen. Nur unmittelbar nach der Wende gab es kurzfristig Lieferprobleme, was, wie bereits erwähnt, auch in dem Film *Good Bye, Lenin!* zum Thema gemacht wird (siehe Seite 147).

Hinter Schlepzig ist bei Krausnick einer der seltenen Berge zu erklimmen. In einem der Dörfer dahinter steht eine rundherum in Wolle verpackte Litfaßsäule am Wege. Bestrickend schön! Eine ebenso hübsche Reminiszenz an den mittlerweile verstorbenen Christo, der vor 25 Jahren an der Spree den Reichstag verpackt hat, wie an den Spreeanwohner Ernst Litfaß.

Ernst Litfaß und seine Säule

Reklame muss sein. Aber müssen deshalb Häuser und Mauern verschandelt werden? Nicht in einer solch eleganten Stadt wie Berlin, fand Buchdrucker Ernst Litfaß (1816-1874) und konstruierte eine erste Annonciersäule. Am 15. April 1855 wurde sie bei der »Ziegenbockswache« in der Münzstraße aufgestellt. Beklebt aber wurde sie keineswegs allein mit Werbung für Zigaretten oder Damenstrümpfe, sie diente wie zuvor die Häuserwände und Mauern auch der Information der Bürger. Da sich nicht jeder Berliner eine Zeitung leisten konnte und man nicht wie anno dazumal auf die Dienste von Ausrufern zurückgreifen wollte, die mit einer Glocke herumgingen und für die Verbreitung von Neuigkeiten sorgten, war es wichtig, öffentliche Bekanntmachungen an zentralen Orten auszuhängen. Weil Ernst Litfaß unverbrüchliche Treue zum Königshaus hielt, gewährte man ihm das alleinige Recht zur Plakatierung in Berlin. Bald standen 150 seiner Säulen in Berlin herum, manche verbargen auch ein öffentliches WC oder einen Brunnen.
Der Buchdrucker und Verleger wurde ein reicher Mann. Ein Geizhals aber war er nicht. Sein besonderer Einsatz galt den zahlreichen Kriegsinvaliden, deren Ehrensold mehr Ehre als Sold bedeutete. Litfaß organisierte zahlreiche Wohltätigkeitsveranstaltungen und stiftete die Erlöse zum Wohle der verletzten Soldaten. Vielleicht auch deshalb nannten ihn die Berliner ihren »Säulenheiligen«.
Ernst Litfaß starb 1874 während einer Kur in Wiesbaden, das Ehrengrab des echten Spreejungen findet sich auf dem Dorotheenstädtischen Friedhof in Berlin; mehr noch aber erinnern die Litfaßsäulen an ihn. Man schätzt, dass in Deutschland noch über 60.000 stehen, die meisten in kulturellen Diensten, informieren sie doch über Konzerte, Lesungen oder Theateraufführungen.

Die Schleusen- und Wehranlage in Leibsch ist noch voll in Funktion, sogar eine Fischtreppe hat man angelegt.

»Wieso keinen Fischlift? Ist doch ungerecht, die Menschen mit ihren Booten werden bequem geschleust, die Fische aber müssen sich die wilde Treppe hinaufquälen.«

So ist die Welt. Hätten die Fische das Sagen, wäre es wohl umgekehrt. War der erste Teil unserer Wegstrecke ziemlich schotterig, so gleiten wir nun auf wundervoll asphaltierten Fahrradwegen dahin, teilweise sogar als Premierengäste. Das Land Brandenburg hat anständig in die Tasche gegriffen, um den *Spree-Radweg* zum echten Genuss werden zu lassen. So geht's nun flott voran, flotter nur sind zwei Störche, die im Tiefflug über uns hinweggleiten. Im Spreewald ist ihr Tisch stets reich gedeckt, manches Dorf verkündet auf Tafeln stolz die diesjährige Rückkehr der orangebestrumpften Klappervögel. In einem Waldstück halten wir an, viele der Kiefern sind hier mit seltsamen Mustern verziert.

Man hat die Rinde der Bäume systematisch entfernt. Über die Bedeutung dieser Behandlung rätseln wir beim Weiterfahren. Eine Kur gegen Borkenkäfer? Harzproduktion, neues Holz für Schrotholzkirchen?

In Neuendorf am See ein Wasserwanderrastplatz. (Was für eine herrlich deutsche Wortschlange!) Nicht nur Wasserwanderern, auch Fuß- und Radwanderern wird das Zelten hier für eine Nacht erlaubt. Die Spreebrücke Werder ist ganz aus afrikanischem Holz gebaut, Basralocus und Bongossi heißen die Baumarten. Fünf Meter tief hat man den zentralen Pfahl in den Boden gerammt. Man verspreche sich dadurch, so die Bautafel, eine Lebensdauer von fünfzig bis siebzig Jahren; älter wird auch eine Stahlbetonbrücke wohl nicht. Dennoch blicken wir beim Hinüberfahren etwas skeptisch. Ist es wirklich nötig, Holz aus Kamerun für Spreebrücken zu verwenden? Tun es nicht auch heimische Bäume?

»Genauso irrsinnig wäre es doch, mit Holz aus dem Spreewald Brücken über den Nil zu bauen.«

Immerhin hält die Brücke eine Last von fünfzig Kilonewton (kN) pro Rad aus. Wie viele N bringt ein Spreeradfahrer auf die Waage?

Auch die nächste Brücke über die Spree hat eine Geschichte zu erzählen. Bei Kossenblatt bildete die Spree bis zum Jahr 1815 die Grenze zwischen Preußen und Sachsen. An der Brücke musste der Zoll entrichtet werden. Interessant, dass im preußisch okkupierten Sachsenland kaum mehr gesächselt wird – wenn wir richtig hingehört haben. Die Sachsen scheinen sich innerhalb der zurückliegenden 200 Jahre vollständig assimiliert zu haben und sprechen nun, wie selbstverständlich, Märkisch. Nun haben wir also für den Rest des *Spree-Radweges* echten Brandenburger Boden unter den Reifen.

In Briescht ist die nächste Brücke zu bestaunen, eine Klappbrücke. Wenn ein Schiff zu hoch beladen ist, klappt

Ade Sachsen! Ab nach Brandenburg!

man die Brücke einfach auf und lässt es passieren; Radfahrer aufgepasst! Auch die Klappbrücke wurde aus afrikanischen Hölzern errichtet, unsere Skepsis scheint man befürchtet zu haben, man beruhigt uns mit dem Hinweis, dass die Gewinnung der Nutzhölzer in den Ursprungsländern überwacht und reglementiert wird. Nun ja, wollen wir's mal glauben.

In Trebatsch, dem nächsten Ort, fließt die Spree in den Glower See, der mit dem Schwielochsee in enger Verbindung steht, einem der beliebten Ausflugsziele der Berliner. Auch Trebatsch hat seine Stüler-Kirche bekommen. Echt gotische Kirchen können vermutlich eine größere Geschichte erzählen, neugotische Kirchen aber punkten damit, wie aus einem Guss zu wirken und damit das Bauprinzip der Gotik klarer zum Ausdruck zu bringen. Noch interessanter ist hier aber ein anderes Gebäude, nämlich das Museum für einen der größten preußischen Forscher.

Die Klappbrücke von Brieschtt

Verschollen in Australien – Ludwig Leichhardt

Mysteriös und bis heute nicht geklärt ist sein Verschwinden. Irgendwo in Australien müssen seine Gebeine liegen. Ob er einen natürlichen Tod gestorben ist? Ob er einem Verbrechen zum Opfer fiel? Ob er das Opfer wilder Bestien wurde? Nirgendwo auf der Welt soll es ja so gefährliche Tiere geben wie in »Down Under«.
Ludwig Leichhardt war zeit seines Lebens ein Getriebener. Am 23. Oktober 1813 als sechstes von neun Kindern eines Torfinspektors in Trebatsch geboren und dort aufgewachsen, schrieb er als junger Mann an seine Verwandtschaft und entschuldigte sich, aus der Art geschlagen zu sein: »Ja, meine Lieben, ich wollte, ich könnte leben wie Ihr, aber ich kann es nicht. Es ist etwas in meiner Natur, das mich immer vorwärtstreibt.«
Es trieb ihn ins ferne Australien, auf den damals weitgehend noch unerforschten Kontinent. Zwar kannte man die Küstengegenden bereits gut, dort befanden sich auch die größten Siedlungen, aber das Landesinnere war noch überwiegend Terra incognita. Man ahnte große Wüsten, weite Steppen, Berge auch, unwegsames Gelände. Wie es dort aber genau aussah, was für Pflanzen es dort gab, was für Tiere, das wusste man nicht, nicht im Jahr 1844, als Ludwig Leichhardt zu einer ersten Expedition aufbrach, ein hochriskantes Unternehmen. Mit zehn Expeditionsteilnehmern, darunter zwei Aborigines als Fährtensuchern, mit 17 Pferden sowie 16 Mast- und Zugochsen brach er an der Ostküste auf, die Reise sollte über 4.800 Kilometer gehen, von Queensland ins Northern Territory, ein Unternehmen voller Gefahren. Bei einem Überfall kam ein Mann ums Leben, ein anderer verlor sein Auge.
In den Ureinwohnern sah Leichhardt übrigens keinesfalls – wie so viele seiner Zeitgenossen – »dumme Wilde«. Hellsichtig erkannte er jedoch, dass viele aufgrund eingeschleppter Krankheiten und des verführerischen Genussgiftes aus Europa, des Alkohols, zugrunde gehen würden.

Von der Spree nach Australien

Der wissenschaftliche Ertrag der Expedition war groß. Leichhardt entdeckte unbekannte Fische, Schlangen, Eidechsen und Vögel und präparierte sie sorgfältig. Gebirgszüge und Wüsten kartierte er, hielt mögliche Passagen für kommende Expeditionen fest und stieß auf große Kohlevorkommen. Eine zweite Expedition musste wegen widriger Witterungsbedingungen vorzeitig abgebrochen werden, die dritte sollte von Brisbane im Osten einen Landweg bis nach Perth im Westen finden, ein gewaltiges Unternehmen.

Leichhardt startete im Februar 1848 mit sieben Männern. Ihr letztes Lebenszeichen stammt von Macpherson's Station, ein Brief Leichhardts an einen Freund in Sydney, datiert auf Anfang April. Dann verliert sich jede Spur. Lange machte man sich keine Gedanken über den Verbleib der Männer, die Querung des Kontinents konnte Jahre dauern. Schließlich aber wurde man unruhig und schickte Suchexpeditionen los, vergebens.

Anfang dieses Jahrhunderts fand ein Aborigine in der Nähe von Sturt Creek in Western Australia die Reste eines verkohlten Gewehrs, das an einem Baobab-Baum hing. Auf der Kupferplatte am Schaft war ein Name eingraviert: Leichhardt. Die Platte ist heute im National Museum of Australia ausgestellt. Was noch an den großen Sohn aus Trebatsch erinnert: Ein Stadtteil von Sydney trägt seinen Namen.

Von Trebatsch nach Beeskow: Badefreuden und Fischbrötchen

Der Mittagshunger treibt uns weiter nach Beeskow, dem Ranziger See aber können wir nicht widerstehen. Abgesessen und hineingesprungen! Wunderbare Wasserqualität, nicht die Spur ranzig! Wer einen Abstecher zum Schwielochsee machen möchte, kann bei Ranzig eine handbetriebene Fähre über die Spree nutzen, die sich hier zum Leißnitzsee weitet.

Nach Beeskow geht es parallel zur B 87. Akazienblütenblätter sind auf unseren Weg gestreut, wehen auf, wenn wir vorübergleiten, es duftet süßlich, bienenhonigaromatisch.

Beeskow begrüßt uns mit einem wuchtigen Torturm, zinnenbewehrt. Ein Fischladen lässt uns bremsen. Was wäre jetzt feiner als ein Matjesbrötchen? Oder lieber ein Bismarckbrötchen?

»Was ist der Unterschied?«

»Lass es uns herausfinden!«

Der Fischladen ist eine echte Entdeckung. In der Auslage ein riesiges Angebot, wir fragen nach den Plattfischen mit den roten Punkten.

»Das sind Flundern, sie haben ihre Augen auf der oberen Seite, nach unten gibt's für sie nichts zu schauen, sie streifen über den dunklen Grund.«

Die nette Verkäuferin kennt sich gut aus. Als wir fragen, ob wir fotografieren dürfen, eilt sie zu uns hinüber, um den Deckel zu heben.

»Dann reflektiert das Glas nicht so.«

»Ein solches Fischgeschäft gibt's in ganz Brandenburg kein zweites«, verrät uns ein älterer Herr, der an einem Ecktisch sitzt, offensichtlich ein Stammgast, während uns die Verkäuferin unsere Fischbrötchen frisch zubereitet.

Wir glauben ihm sofort, erst recht, als wir auf dem Marktplatz von Beeskow sitzend unsere Beute verspeisen. Keine Übertreibung: Einen solch saftigen Hering, ob Bismarck oder Matjes, haben wir noch nicht gegessen, dazu die knusprigen Brötchen (oder besser: Schrippen) und die liebevoll hineingeschnittenen Gurkenscheiben. Einfach lecker. Matjes wird im Übrigen überwiegend in Salzlake fermentiert und

Beeskow: hübsches Stadtbild und der beste Matjes der Welt

ist zum Zeitpunkt des Fangs noch nicht geschlechtsreif, Bismarckheringe haben schon abgelaicht beziehungsweise abgemilcht und werden in Essigsud haltbar gemacht.

Beeskows Marktplatz kann es locker mit dem jeder Großstadt aufnehmen. Günstig an einem Spreeübergang gelegen, hat sich die Stadt bereits im 13. Jahrhundert zu einem regen Handelsplatz entwickelt. Auf einer kleinen Spreeinsel haben schon die alten Slawen eine Burg errichtet, im 16. Jahrhundert wurde sie von den Bischöfen von Lebus zu einem Residenzschloss umgebaut. Heute dient die Burg vielfältigen kulturellen Zwecken. Auch St. Marien, die Stadtkirche, die den Markt überblickt, ist ein eindrucksvoll gedrungener Bau. Nach der Wende hat man die Kirche, die aus dem 15. Jahrhundert stammt, wiederaufgebaut.

Von Beeskow in die Domstadt Fürstenwalde

Beschaulich-meditativ ist der Streckenabschnitt bis Fürstenwalde. Der Spreewald liegt nun endgültig hinter uns, die Spree sammelt ihre verstreuten Kinder wieder ein.

Von bester Neubauqualität ist der Weg durch Wald und Wiesen, bequem kann man nebeneinander herradeln und sich in Ruhe austauschen. Doch plötzlich werden wir gestört, etwas raschelt verdächtig im Gebüsch. Was ist das für ein Tier? Ein Hase? Ein Fuchs? Nein, ein Waschbär ist es. Er schaut uns mit seinen intelligenten Knopfaugen an, dann verschwindet er im Wald. Ein anderes selten gesehenes Tierchen kann leider nicht mehr verschwinden. Tot klebt der Salamander auf dem Asphalt, seine Farben aber strahlen noch höchst lebendig.

In Neubrück liegt die Veranda eines Eiscafés so unverschämt einladend am Spreeufer, dass wir nicht widerstehen können. Wir lassen uns nieder, eine gute Entscheidung, das Eis schmeckt wunderbar.

»Hausgemacht?«

»Hausgemacht in Eisenhüttenstadt.«

Bei Kersdorf schwingt sich der Oder-Spree-Kanal heran, per Schleuse geht's zur Spree hinab, die nun endgültig zur Schifffahrtsstraße wird. Auch Kersdorf hat eine reiche Geschichte. Bereits im Jahr 1588 wurde ein Umladeplatz bewilligt, um Waren von der Spree auf dem Landweg nach Frankfurt an die Oder zu transportieren. Weil sich das als unpraktisch erwies, dachte man über einen Kanal nach. Die Verbindung von Oder und Spree, ein alter Menschheitstraum. Bereits Kaiser Karl IV. hatte 1373 Pläne austüfteln, Kaiser Ferdinand I. 1558 den Bau beginnen lassen, welcher jedoch erst 1668 von Friedrich Wilhelm, dem Großen Kurfürsten, fertiggestellt wurde. Preußen boomte, und der Kanal wurde bald zu eng. Gute 200 Jahre später beschloss man, einen neuen Kanal anzulegen, nach nur fünf Jahren Bauzeit war es so weit, 1891 konnten die ersten Schiffe übers Wasser gezogen werden. Nicht mehr von Pferden, sondern von einer parallel laufenden Eisenbahn, was sich jedoch bald als unwirtschaftlich erwies, sodass man auf Schleppschiffe umstellte. Wieder nahm der Verkehr zu, an den Schleusen bildeten sich lange Wartezeiten, von denen im Grunde nur eine Zunft profitierte: die Gastwirte. Ein Gasthof mit ganz besonderer Geschichte lag hier an der Schleuse.

Das Forsthaus an der Flut

Zäune, Stacheldraht, Kettenhunde ... Kaum ein anderes Gasthaus in der DDR war so gut gesichert wie das Forsthaus an der Flut. Warum? Für wen? Weshalb der Aufwand?

Für eine Handvoll BRD-Bürger, denen der Boden im Westen zu heiß geworden war. Im Forsthaus fanden sie Asyl und machten Schluss mit ihrem alten Leben, ein neues lag vor ihnen. Dafür

Das Eiscafé in Neubrück, ein unwiderstehlicher Rastplatz

mussten sie büffeln, mussten lernen, wann sie angeblich wo geboren waren, wo sie gelebt, wo sie studiert hatten. Und natürlich das Wichtigste: Ihr neuer Name musste in Fleisch und Blut übergehen. Keinen Fehler durfte man sich erlauben, keine unbedachte Reaktion zeigen.

Susanne Albrecht war eine von ihnen. Die Tochter eines Hamburger Rechtsanwalts war über die Hausbesetzerszene mit Mitgliedern der RAF in Kontakt gekommen, der Roten Armee Fraktion. Sie hasste das System der BRD, sah im bewaffneten Kampf die Chance, die Bundesrepublik zu Fall zu bringen. An der Geiselnahme in Stockholm beteiligte sie sich, schmuggelte Zünder aus den Niederlanden, wurde gefasst, angeklagt, kam wieder frei, machte weiter. Und schmiedete mit ihren Kumpanen einen perfiden Plan. Ihre Eltern waren mit Jürgen Ponto befreundet, dem Vorstandssprecher der Deutschen Bank. Gab

An der Schleuse liegt mit dem Forsthaus ein besonders geschichtsträchtiger Ort

es einen offensichtlicheren Vertreter des Kapitalismus? Über ihre Eltern ließ sie sich von der Familie Ponto einladen, in deren Privathaus in Oberursel bei Frankfurt am Main. Sie kam jedoch nicht alleine, sie brachte Freunde mit, Brigitte Mohnhaupt und Christian Klar. Nachdem man sie freundschaftlich eingelassen hatte, zeigte sie aber ihr wahres Gesicht. Sie versuchten, den Banker zu entführen, und als das scheiterte, schossen sie auf ihn, verletzten ihn tödlich und tauchten unter. Susanne Albrecht unterschrieb das Bekennerschreiben.
Als sich die Schlinge immer enger zuzog, floh sie schließlich mit Hilfe der Stasi in die DDR, wurde auf den Tarnnamen »Ingrid Jäger« getauft und zum Neustart nach Cottbus geschickt. Sie heiratete einen Physiker, bekam ein Kind. Alles schien glattzulaufen, da berichtete das Westfernsehen über die gesuchte Mörderin. Arbeitskollegen erkannten sie auf dem Fahndungs-

plakat, die Stasi schickte sie mit ihrem Mann nach Russland. Die Wende zerstörte den Schwindel. Susanne Albrecht wurde in Berlin verhaftet und vor Gericht gestellt. Fünf Jahre saß sie im Gefängnis, 1996 kam sie frei und begann ihr drittes Leben als Lehrerin.

»Hier im Forsthaus ist sie regelmäßig zu Schulungen gewesen, an den Jahrestagen der DDR-Gründung gab's Rotkäppchen-Sekt.«

Auf der Weiterfahrt erfreuen wir uns an zwei Baumbotschaften.

Bald wird's städtisch, wir erreichen Fürstenwalde, die »Domstadt an der Spree«, wie sie seit einem Bürgerentscheid wieder heißen darf. Vom Dom, einer dreischiffigen Hallenkirche aus dem 15. Jahrhundert, hat der letzte Krieg nicht viel übrig gelassen, so heftig hatten die Kämpfe getobt. 1995 erfolgte der Wiederaufbau. Neben den Havel-Domen in der Stadt Brandenburg und in Havelberg hatte die Spree auch im Lande Brandenburg ihre Bischofsstadt. Zu verdanken hatte sie dieses Privileg Karl IV., der sich Brandenburg von den Wittelsbachern schnappte (jawohl, auch den Bayern hatte Brandenburg einmal gehört). Weil Karl in seinem Eifer etwas unsanft vorging und die Stiftskirche von Lebus zerstörte,

musste ein neuer Dom her, den man also in Fürstenwalde errichtete.

Fürstenwalde hatte seinen Aufstieg drei geografischen Faktoren zu verdanken: Erstens liegt es an einer Engstelle des Berliner Urstromtales, Reisende hatten den morastigen Grund schnell gequert, zweitens führte durch die Spree eine Furt und drittens hörte hier die Schiffbarkeit der Spree auf, wodurch alle Waren an Land verladen werden mussten. Das Stapelrecht garantierte den Fürstenwaldern, als Erste auf Shoppingtour gehen zu dürfen. Die Stadt blühte auf und brachte etliche Gelehrte hervor.

1621 wurde innerhalb ihrer Mauern Moritz Hofmann geboren. Der Fürstenwalder studierte unter anderem in Padua Medizin und entdeckte als Student beim Zerlegen eines Truthahns den Ausführungsgang der Bauchspeicheldrüse, worauf sein Professor diesen auch beim Menschen fand. Selbst zum Professor geworden, betrieb Hofmann an der Nürnberger Universität in Altdorf ein Chemielabor.

Ein Jahr nach Hofmann kam in Fürstenwalde Christian Mentzel zur Welt. Auch aus ihm wurde ein begabter Mediziner, der es bis zum Leibarzt von Kurfürst Friedrich Wilhelm brachte. Mentzel machte seine Sache so gut, dass der Große Kurfürst nach dem Tod seiner ersten Frau Louise Henriette, die ihm sechs Kinder schenkte, körperlich fit blieb und mit seiner zweiten Frau Dorothea von Braunschweig und Lüneburg noch sieben weitere Kinder zeugte. Christian Mentzel war ein Universalgelehrter – mit dem Schwerpunkt Botanik. Er brachte auch das erste Lexikon Europas mit chinesischen Schriftzeichen heraus sowie eine umfangreiche Chronik der chinesischen Geschichte.

Ein moderner Fürstenwalder Denker ist außerdem der Physiker Wolfgang Götze, der mit neuen Theorien die Eigenschaften von Glas beschrieb, dessen Zwischenstellung zwischen Festkörper und Flüssigkeit.

Der Dom von Fürstenwalde

Verdienste völlig anderer Art erwarb sich ein Mann, der auf dem Fürstenwalder Friedhof ruht. Den Namen Franz John werden nur wenige kennen, jedermann kennt aber den Verein, den er gegründet hat.

Die Geburt des FC Bayern München

In Pankow aufgewachsen, ging Franz John nach seiner Ausbildung zum Fotografen nach Schwabing und kickte in seiner Freizeit für den MTV München 1879. Franz John fand es an der Zeit, dass sich der Verein einem Fußballverband anschloss, die Vereinsoberen aber, die das Turnen als höchste aller Sportarten ansahen, waren dagegen und wiesen seinen Wunsch ab.

Es war der 27. Februar 1900. Wütend verließ Franz John die Hauptversammlung und zog mit zehn Getreuen in die nahe Gaststätte Gisela, um einen neuen Verein zu gründen. Unter großem Jubel wählte man ihn zum Präsidenten, und Franz John taufte den Verein auf den Namen »F. C. Bayern München«. Drei Jahre später ging er zurück nach Pankow, wo er ein Fotolabor erwarb. Abgeschieden und allein starb er 1952 und wurde in Fürstenwalde bestattet. Seine Grabstätte war schon völlig zerfallen, als man sich seiner beim 100. Gründungsjubiläum in München erinnerte und ihm im Jahr 2000 einen würdevollen Gedenkstein setzte.

»Der FC Bayern, die Gründung eines Preußen, glaubt man's!«

»Wie das Leben so spielt.«

»Dafür könnten die Bayern die Hertha doch mal gewinnen lassen.«

»Oder Union Berlin.«

Als wir am Dom vorbeirollen, fängt es leicht zu tröpfeln an. Zum Glück erblicken wir ein indisches Restaurant, dessen

Stadtmusikanten einmal anders – in Fürstenwalde

ausgefahrene Markise den perfekten Schutz für zwei Radfahrer bietet. Während wir auf unsere Vorspeisen warten, betrachten wir eine Tierpyramide aus Bronze. Seltsam, seltsam. Die Fürstenwalder Stadtmusikanten sind genauso sportlich wie ihre Bremer Kollegen und überzeugen durch eine exotische »Basis«.

»Fürstenwalde sollte zu DDR-Zeiten umgetauft werden.«

»Warum?«

»Na, wegen des unproletarischen Fürsten im Namen.«

»Und wie sollte es stattdessen heißen?«

»Spreewalde.«

Von Fürstenwalde nach Grünheide

Mit elegantem Schwung geht es aus Fürstenwalde heraus. Der Park an der Spree ist schick und modern. Obwohl das

Natur pur, auch noch vor Berlins Stadttoren

Alternative zum Bautzener Senf für künftige Tesla-Mitarbeiter

große Berlin nicht mehr weit ist, bleibt die Landschaft wild und geheimnisvoll.

In Hangelsberg fängt es wieder leicht zu tröpfeln an. Eine junge Frau kommt uns entgegenspaziert, in der einen Hand einen Regenschirm, in der anderen ein aufgeschlagenes Buch vor Augen. Sag noch einer, die Jugend habe nur noch ihr Smartphone im Kopf. Von uns bekommt die Regenschirmfrau den Titel »Leserin des Jahres« verliehen.

Mit EU-Mitteln hat man einen Platz am Spreeufer aufwendig verschönert, er trägt den schmackhaften Namen »Spree-Curry«.

Wir aber bleiben standhaft wie weiland Odysseus, als die Sirenen ihn verführen wollten; wartet unser Abendessen doch in unserem Hotel in Grünheide auf uns, saftige argentinische Steaks. Als wir den Zubringer zur A 10 kreuzen, flüs-

Wenn schon jemals ein Bier verdient war ...

tert ein Tesla vorbei. Ob Elon Musk selbst am Steuer gesessen ist? In diesem Waldstück entsteht seine neue Fabrik.

»Keine Fabrik! Elon Musk baut doch keine Fabriken. Eine Gigafactory wird das.«

Hunderttausende E-Autos sollen im Spreeland jährlich vom Band rollen. Ob das klappt? Darüber zerbrechen wir uns nicht den Kopf, nicht jetzt, wo der Hintern knirscht. Jetzt haben wir unseren Feierabend verdient. Giga-Steak, statt Gigafactory!

Das Steakhouse ist zugleich unser Nachtquartier; wer will, kann dieses problemlos auch im benachbarten Erkner finden. Bevor wir uns aber zu Tisch setzen, wird geduscht. Dumm nur, dass bloß kaltes Wasser kommt. Wir zwingen uns zu etwas Geduld, bestimmt hat schon länger kein Gast mehr hier übernachtet, und die Warmwasserleitung vom Keller ist lang.

Zitternd hoffen wir auf wärmeres Wasser, aus dem Duschkopf aber fließt es stattdessen immer kälter. Egal, dann wird eben ungeduscht gefuttert. Haben die Cowboys ihr abendliches Steak etwa im geduschten Zustand verzehrt? Also! Auch Drahteselcowboys darf man ihr Tagwerk ansehen, zumal im Freien. Die Spree, nun ist sie bereit für ihre letzte Etappe. Morgen geht's nach Berlin.

Sechster Reisetag

Hinein nach Berlin!

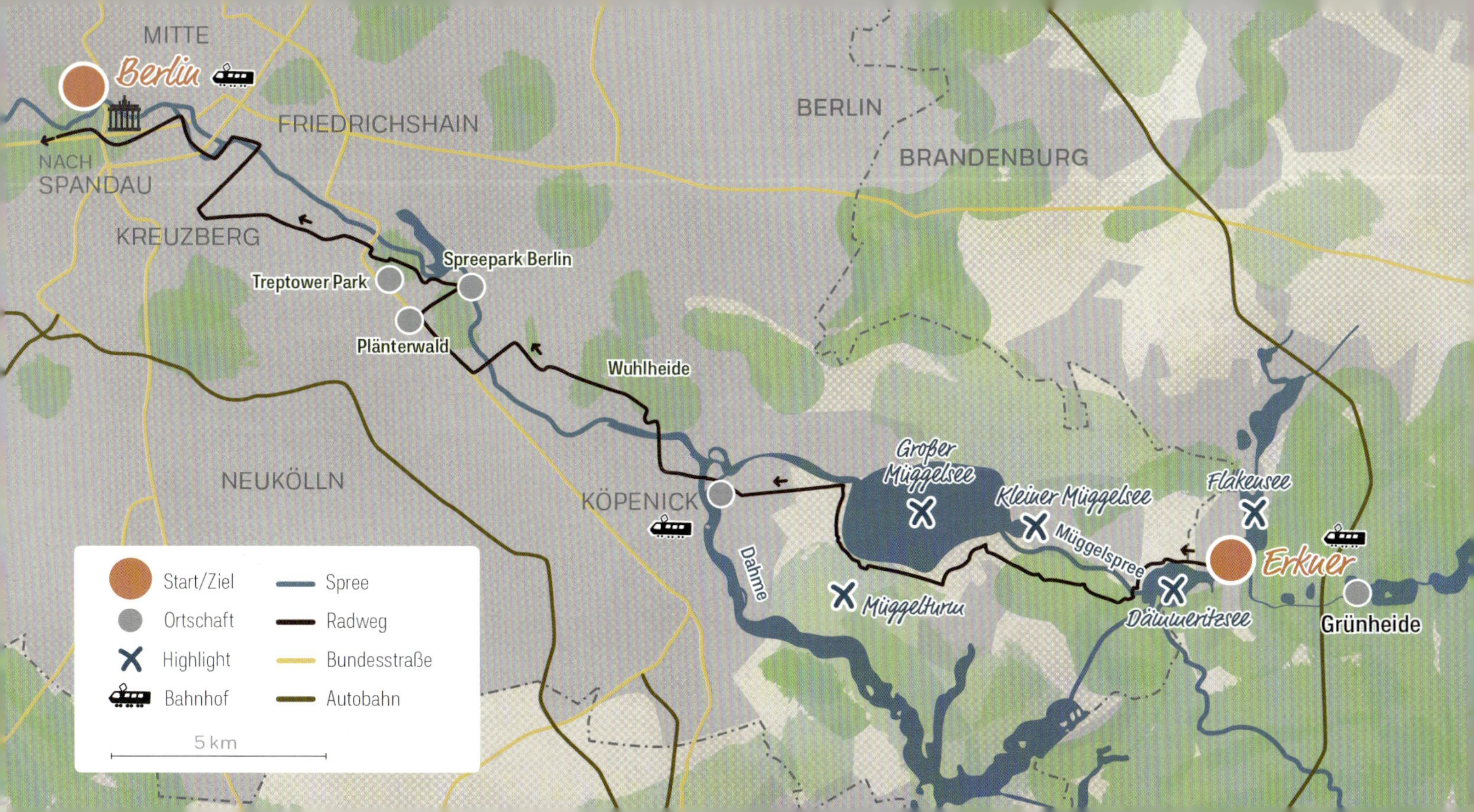
MITTE
Berlin
NACH SPANDAU
FRIEDRICHSHAIN
KREUZBERG
BERLIN
BRANDENBURG
Treptower Park
Spreepark Berlin
Plänterwald
Wuhlheide
NEUKÖLLN
KÖPENICK
Dahme
Großer Müggelsee
Kleiner Müggelsee
Müggelspree
Müggelturm
Flakensee
Erkner
Dämmeritzsee
Grünheide
Start/Ziel
Ortschaft
Highlight
Bahnhof
Spree
Radweg
Bundesstraße
Autobahn
5 km

Sechster Reisetag

Hinein nach Berlin!

Schwierigkeitsgrad: leicht bis mittel
Reine Fahrtzeit: je nach Streckenlänge, Erkner – Köpenick: ca. 1 h, Köpenick – Berlin-Mitte: ca. 1 h 15 min
Länge: Erkner – Köpenick: ca. 15 km, Köpenick – Berlin-Mitte: ca. 22 km
Höhenunterschied: kaum bemerkbar
Wegbeschaffenheit: überwiegend asphaltierte Radwege und kleine Straßen; offizielles Ende des Spree-Radweges bei Köpenick, ab dann »Europaradweg R1« bzw. »D-Route 3« folgen

Von Erkner zum Müggelberg

Gefrühstückt wird heute nicht im Hotel, sondern in einer Bäckerei in Erkner. Erkners Stadtwappen ziert ein Baum, ein Posthorn würde allerdings auch passen, denn mit der Errichtung einer Poststation an der Strecke Berlin – Frankfurt/Oder begann 1712 in Erkner das lustige Leben. Der Baum aber passt natürlich ebenfalls: 1752 wurden auf Befehl des Alten Fritz 1.500 Maulbeerbäume zur Ernährung der Seidenraupen gepflanzt, zumindest ein Maulbeerbaum steht noch und wird von uns gleich abgelichtet. Wie vielen Seidenraupen mag er wohl Futter geboten haben?

Als Berlin zu boomen begann, boomte in Erkner bald die Schifferei, denn »Berlin wurde aus dem Kahn gebaut«, wie es so schön heißt; da brauchte es eine Menge Baumaterial, das man bequem über die Spree ins Zentrum der Preußenmetropole schaffen konnte. Sehr beliebt waren auch große Platten des Granodiorits aus der Lausitz, welche bis heute

Erkner: Seidenproduktion durch Maulbeerbäume

die Bürgersteige Berlins pflastern. Zeitweise waren mehr als die Hälfte der Erkner Schiffsleute. Kurios mutet dagegen der Aufstieg Erkners zum Kurort an. 1860 errichtete Julius Rütgers die erste größere Teerdestillation auf dem europäischen Festland. Er beschaffte sich den Teer, der bei den Berliner Gaswerken als Abfall entstand, und destillierte ihn, um damit Eisenbahnschwellen zu tränken. Dichte Teerschwaden waberten bald durch Erkners Gassen. Ärzte erklärten die aromatischen Dämpfe für äußerst gesund, und bald rückten nicht nur die Berliner an, um die Teerwolken zu inhalieren. Ein Gast, der für einige Jahre in Erkner blieb, wurde dort zu einem der revolutionärsten Schriftsteller seiner Zeit.

Gerhart Hauptmann und der Tod des Bahnwärters

»Ich habe vier Jahre in Erkner gewohnt, und zwar für mich grundlegende Jahre. Mit der märkischen Landschaft aufs Innigste verbunden, schrieb ich dort ›Fasching‹, ›Bahnwärter Thiel‹ und mein erstes Drama, ›Vor Sonnenaufgang‹«, erinnerte sich Gerhart Hauptmann in einem Brief im Jahr 1936.
Als der Dichter 1885, frisch verheiratet, nach Erkner zog, kannte ihn kein Mensch. Das sollte sich aber bald ändern. Theodor Fontane war als einer der Ersten von Hauptmanns Talent überzeugt und sorgte mit seinen Kritiken für dessen kometenhaften Aufstieg. Vielleicht am engsten mit Erkner verbunden ist Hauptmanns Werk »Bahnwärter Thiel«. Ein Bahnwärterhäuschen in Erkner inspirierte Hauptmann zu diesem Familiendrama, eine Novelle mit deutlicher Kritik an den Lebensbedingungen der Arbeiter im Zeitalter des beginnenden Kapitalismus. Private und gesellschaftliche Themen mischen sich darin. Bahnwärter Thiel liebt seine Frau über alles. Als Minna bei der Geburt ihres Sohnes Tobias stirbt, überträgt er seine ganze Liebe auf den Kleinen. Tobias aber wird von Thiels zweiter Frau Lene – die der

Bahnwärter glaubte, heiraten zu müssen, um eine Mutter für seinen Säugling zu haben – ständig misshandelt, und der Vater ist zu schwach, ihn zu beschützen. Thiels Refugium ist sein Bahnwärterhäuschen, das er in eine Weihestätte für seine verstorbene Frau verwandelt. So intensiv betet er zu Minna, dass er sie in seinen Wahnvorstellungen leibhaftig vor sich sieht. Zur Katastrophe kommt es, als Tobias auf die Gleise gerät und von einem Zug getötet wird. In seinem Wahn und Hass tötet der Bahnwärter Lene und das gemeinsame Kind, ebenfalls ein Sohn, und setzt sich mit der Mütze seines geliebten Tobias auf die Gleise. Dort findet man ihn und weist ihn in die Charité ein, seelisch zerrüttet, von der Mütze aber trennt ihn niemand mehr. In der Villa Lassen kamen die drei Söhne des Ehepaars Hauptmann zur Welt. Gerhart Hauptmann, weiter in seiner Erinnerung über die Jahre in Erkner: »Die vier Jahre sind sozusagen die vier Ecksteine für mein Werk geworden.«

Villa Lassen: alles über Gerhart Hauptmann

Die Villa Lassen ist die zentrale Hauptmann-Gedenkstätte, in ihr werden nicht nur seine Bibliothek und viele seiner Briefe und Autografen aufbewahrt, sie verhilft mit ihren Veranstaltungen auch zu einer lebendigen Begegnung mit dem Werk und dem Leben des Dichters, der wegen der angeblich so gesunden Teerschwaden nach Erkner gezogen war.

Aus Dreck Geld zu machen, das gelang in Erkner aber nicht nur Julius Rütgers mit dem Teer. Bei der Destillation fiel als Abfallprodukt jede Menge Phenol an, das wiederum Leo Hendrik Baekeland nutzte, um daraus Kunstharze herzustellen. In Erkner wurden ab 1910 erstmals auf der Welt im industriellen Maßstab Kunststoffteile hergestellt. »Bakelite«, so der Name der Firma, konnte allerdings nur in Schwarz produzieren, weshalb die ersten Gehäuse von Telefongeräten und Radios alle in edel-dunkler Optik glänzten.

Doch nun heißt es wieder aufgestiegen! Erkner liegt an zwei Seen, dem Flakensee und dem Dämeritzsee. Mitten durch den Zweiteren verläuft die Landesgrenze Brandenburg-Berlin. Das Ortseingangsschild am Nordufer ist nicht zu übersehen.

Mit dem Eindringen auf Berliner Landes- und Stadtgebiet müssen wir eine wichtige Entscheidung treffen. Dieses Buch soll und kann ja kein Berlinführer werden. Wir schwören, uns eine strenge Selbstbeschränkung aufzuerlegen. Erzählt werden soll nur von den Dingen, die unmittelbar an der Spree und am Radweg liegen, versprochen.

Prächtige Villen säumen das zu Rahnsdorf gehörende Ufer bis zur Triglawbrücke. Sympathisch, dass man dem alten Triglaw, einer der höchsten Gottheiten der Slawen, noch eine Brücke gelassen hat. Triglaw hat drei Häupter besessen, je eines für Himmel, Erde und Hölle. Mit der Christianisierung der Slawen scheint man behutsam vorgegangen zu sein, das bedeutendste Bildnis Triglaws zerstörte man nicht, sondern stellte es in die neu errichtete Marienkirche auf den

Harlunger Berg der Stadt Brandenburg, wo der Slawengott immerhin bis ins 16. Jahrhundert zu bewundern war. Das gefällt uns. Man soll den Menschen Zeit lassen, sich an einen neuen Glauben zu gewöhnen.

Mit der Überquerung der Triglawbrücke fängt es an zu müggeln: über die Müggelspree geht es hin zum kleinen Müggelsee, in dem zwei Kinder herummüggeln, und dann hinauf auf den Müggelberg, der höchsten natürlichen Erhebung Berlins mit dem Müggelturm on top (um genau zu sein, steht dieser auf dem Kleinen und nicht dem Großen Müggelberg).

»Wollt ihr bei uns einziehen?«, fragt uns der Mann vom Café, der uns die Einwurfmünzen verkauft, als er uns mit unseren Radtaschen sieht. Man merkt doch gleich, man ist in Berlin. Wo sonst gibt es eine solche Schnauze?

Schon zu früheren Zeiten war man auf die Idee gekommen, die Müggelberge mit einem Aussichtsturm zu ver-

Am Kleinen Müggelsee

zieren, ein hölzerner Turm, 1880 errichtet und 1889 im chinesischen Pagodenstil erweitert, machte den Anfang. Als dieser 1958 bei Renovierungsmaßnahmen abbrannte, wagte die DDR 1961 ein architektonisches Experiment und ließ einen Turm im Bauhausstil errichten, natürlich mit Gastronomiebetrieb. In die Jahre gekommen, wurde er aufwendig saniert, Bauarbeiter sind dabei, einen Zwillingsturm mit Aufzug zu errichten. Oben bietet sich ein fantastischer Blick über das Land an der Spree. Wälder, Seen und natürlich die Silhouette Berlins können ausgiebig bestaunt werden. Die vier Euro Eintritt für die Turmbesteigung lohnen sich wirklich.

Blick zurück – Blick voraus

Am Müggelsee entlang nach Köpenick

Vom Berg hinunter geht es in rasender Fahrt, ein Zwischenstopp in einem Biergarten am Großen Müggelsee schließt sich an, dann geht's nach Köpenick hinein. Am Rathaus werden wir militärisch begrüßt.

Der Hauptmann von Köpenick

Er hat es wirklich versucht. Er hat alles probiert, nach seiner langen Haft wieder Tritt zu fassen. Er wollte wieder als Schuhmacher beginnen, in seinem erlernten Beruf, man hat ihm aber keine Chance gegeben, nicht als Vorbestraftem. Aus dem Fürstentum Mecklenburg-Vorpommern warf man ihn hinaus, und auch Berlin wollte dem 57-Jährigen mit der langen Gefängniskarriere keine Aufenthaltsgenehmigung erteilen.

So kam ihm die Idee, seinen Lebensunterhalt auf andere Weise zu bestreiten. Mit dem letzten Geld besorgte er sich in verschiedenen Läden Teile einer Uniform. Als Hauptmann verkleidet hielt er am 16. Oktober 1906 nahe der Militärbadeanstalt Plötzensee einen Trupp Gardesoldaten an und gab ihnen den Befehl, ihm zu folgen, sie hätten einen Geheimauftrag auszuführen. Mit der Stadtbahn fuhren sie nach Köpenick, am Bahnhof spendierte der Hauptmann noch ein gemeinsames Mittagessen, dann ließ er seine Männer zum Rathaus marschieren. »Im Namen seiner Majestät« verhaftete er den Bürgermeister und den Oberstadtsekretär, ließ das Rathaus besetzen und gab den anwesenden Polizisten den Befehl, die Umgebung abzusperren. Nun wies er den Hüter der Stadtkasse an, den Rechnungsabschluss zu machen, und erklärte, den verfügbaren Bestand zu beschlagnahmen. Sodann füllte er das Geld in Beutel, versiegelte sie ordentlich und quittierte den Betrag von 3557,35 Mark. In einer Droschke ließ er den Bürgermeister und den Kassenwart als Gefangene nach Berlin kutschieren. Seinen Soldaten gab er Befehl, das Rathaus eine weitere halbe Stunde besetzt zu halten, darauf ging er mit seiner Beute zum Bahnhof, genehmigte sich noch eine Halbe und fuhr mit dem nächsten Zug zurück nach Berlin.

Was gab das ein Gelächter, als die Wahrheit ans Licht kam! Man müsse sich in Preußen nur eine Uniform besorgen, schon tanze alles nach seiner Pfeife. Der Hauptmann von Köpenick aber konnte sich nicht lange an seinem Reichtum erfreuen. Ein ehemaliger Zellengenosse, dem er von dem Plan erzählt hatte, verpfiff ihn, bereits zehn Tage später wurde er verhaftet. Man verurteilte ihn zu vier Jahren Gefängnis, Kaiser Wilhelm II. aber begnadigte ihn schon nach knapp zwei Jahren. Es heißt, auch den Kaiser habe die Tat amüsiert. »Da kann man mal sehen,

Wenn schon hochstapeln, dann auch richtig!

was Disziplin heißt. Kein Volk der Erde macht uns das nach«, soll er gesagt haben und auch, dass der Hauptmann ein »genialer Kerl« sei.

»Was wurde aus dem Hauptmann?«

»Er hat seinen Ruhm genial genutzt und durch Auftritte 'ne Stange Geld verdient. Auch eine Biografie hat er geschrieben.«

Ob so eine Aktion heute noch möglich wäre? Gänzlich ausgeschlossen ist das nicht. Wer will, kann sich jedenfalls auf weitere Spurensuche nach den Abenteuern des falschen Hauptmanns machen, im Rathaus wartet eine Ausstellung. Köpenick aber hat natürlich noch ganz andere Dinge zu bieten als »militärhistorische« Anekdoten, eine barocke Schlossanlage mit einem hübschen Park etwa oder – für Spreefans ein Muss – das Museum im Alten Wasserwerk, wo man alles über die Wasserversorgung des alten Berlins erfährt.

Eindrucksvoll ist auch die Gedenkstätte zur »Köpenicker Blutwoche«. Im Juni 1933 hatten die Nazis den Widerstand ihrer Köpenicker Gegner endgültig brechen wollen. Einer davon ist der Gewerkschaftler Paul von Essen gewesen, engagierter Kämpfer für die Rechte der Arbeiter und verdientes SPD-Mitglied. Ein Augenzeuge, der zu den Hunderten von Opfern der SA-Männer zählte, berichtete: »Inzwischen war unter ungeheurem Siegesgeheul der 55-jährige Genosse Paul von Essen herbeigeschleppt worden. Er war seit langer Zeit erwerbslos, eben erst aus dem Krankenhaus gekommen und auf dem einen Auge blind, Vater von vier Kindern und Kriegsteilnehmer. Man schlug ihn erst ins Gesicht, dann riss man ihm die Hosen herunter und schlug ihn mit geradezu rasender Wut mit Stöcken und Knütteln auf den entblößten Körper, bis er die Besinnung verlor. Ein SA-Führer sagte dann: ›So, ein Schwein wäre fertig.‹«

Die Leichen von Paul von Essen und seiner Freunde wurden im Lkw vom Amtsgerichtsgefängnis zu einem SA-Lokal gekarrt. Wenige Tage später trieben verschnürte Säcke ans Ufer der Dahme. In ihnen die verstümmelten Leichen. Die Staatsanwaltschaft schlug die Verfahren gegen die Täter nieder.

Schlimme Geschichten, umso wichtiger, dass man sich ihrer erinnert, durch die Gedenkstätte, durch Stolpersteine und die Benennung von Straßen und Plätzen nach den Helden, die für ihren Mut sterben mussten.

Köpenick ist darüber hinaus eine echte Wasserstadt, eine Insel zwischen Müggelspree und Dahme, die sich hier vereinigen. Durch die Dahme schwillt die Spree gewaltig an, will sie doch in der Hauptstadt einen guten Eindruck machen. Die Dahme hieß lange auch »wendische Spree«. Theodor Fontane charakterisiert sie gut.

Theodor Fontane: Die wendische Spree

Fontane in den »Wanderungen durch die Mark Brandenburg« im Originallaut: »An der Brücke zu Cöpenick treffen zwei Flüsse nahezu rechtwinklig zusammen: die ›eigentliche‹ Spree und die ›wendische‹ Spree, letztere auch ›die Dahme‹ geheißen. Die wendische Spree, mehr noch als die eigentliche, bildet eine große Anzahl prächtiger Seenflächen, die durch einen dünnen Wasserfaden miteinander verbunden sind. Ein Befahren dieses Flusses bewegt sich also in Gegensätzen, und während eben noch haffartige Breiten passiert wurden, auf denen eine Seeschlacht geschlagen werden könnte, drängt sich das Boot eine Viertelstunde später durch so schmale Defilés, daß die Ruderstangen nach rechts und links hin die Ufer berühren. Und wie die Breite, so wechselt auch die Tiefe. An einer Stelle Erdtrichter und Krater, wo die Leine des Senkbleis den Dienst

Köpenick: u. a. mit hübschem Rathaus und Schloss, dazu sehr entspannend

versagt, und gleich daneben Pfuhle und Tümpel, wo auch das flachgehendste Boot durch den Sumpfgrund fährt. So diese Wasserstraße.«

Von Köpenick mit der Fähre nach Treptow

Wir sagen Köpenick Ade und queren die vereinigte »wendische und eigentliche« Spree Richtung Wuhlheide, wobei wir uns nicht vom reich mit Fanaufklebern dekorierten Verkehrspfeil zur Alten Försterei ablenken lassen. (Die Union-Fans sind Legende, besonders das alljährliche Weihnachtssingen im Stadion muss man mal erlebt haben.)

Die Wuhlheide, die wir nun durchkreuzen, ist ein lichter Wald mit zahlreichen Attraktionen. Wer will, kann im Modellpark Berlin-Brandenburg viele prominente Bauwerke der Region im geschrumpften Maßstab bewundern, bei einigen hat man als Spreeradfahrer ein Déjà-vu.

Und dass man die Spree als Radfahrer ohnehin am schönsten erlebt, zeigt die nächste Spreequerung. Nach einer Laubenkolonie gelangt man zu einer Personenfähre. Langsam kommt sie vom anderen Ufer herangeglitten und nimmt uns mit an Bord. »Don't pay the ferryman, until he gets you to the other side«, warnt Chris De Burgh. Unseren Obolus können wir aber auch am anderen Ufer nicht begleichen, die junge Kapitänin kommt aus Coronagründen nicht aus ihrer Führerkabine heraus. So sind wir gegen Ende unserer Spreetour noch zu Schwarzfahrern geworden, was uns etwas peinlich ist, zumal die Fahrt jeden Euro wert wäre. Kaum zu glauben, was aus dem kleinen Bächlein geworden ist, das wir vor wenigen Tagen noch in der Oberlausitz haben plätschern hören.

Spreefähre Köpenick – Treptow

Ein Park folgt dem nächsten. Nach dem Plänterwald kommen wir am Spreepark vorbei, und dann geht es in den weitläufigen Treptower Park. Das sowjetische Ehrenmal erinnert an die vielen bei der Schlacht um Berlin gefallenen Soldaten der Roten Armee. Vorbild für den russischen Soldaten, der auf dem zentralen Denkmal steht, war ein junger Offizier, der beim Sturm auf das Zentrum von Berlin – man lag an einer Brücke vor dem Landwehrkanal – plötzlich das Weinen eines Kindes hörte. Ein kleines Mädchen hatte seine Mutter verloren und war zwischen die Fronten geraten. Der junge Offizier namens Massalow hörte das Schluchzen. Massalow war bereits lange Soldat, hatte alles schon erlebt, war selbst verwundet worden, hatte Kameraden sterben sehen, zerfetzt von den Granaten der Wehrmacht. Ohne zu zögern erbat er sich von seinem Kommandanten die Erlaubnis, das Mädchen zu retten. Todesmutig lief er zur Brücke und schnappte sich die Kleine, während ihn die Deutschen unter Beschuss nahmen. Mit viel Glück gelang die Rettung, die Russen wischten der Kleinen die Tränen ab und trösteten sie. Die Tat hat den Künstler des Mahnmals so berührt, dass er die Skulptur danach gestaltete: der russische Soldat mit dem Mädchen auf dem Arm.

Ein Wachturm am Weg markiert den ehemaligen Grenzstreifen, Treptow gehörte zur DDR, Kreuzberg zu Westberlin. Dass der Turm noch steht, ist einem mutigen Liedermacher zu verdanken, Kalle Winkler. 1960 in Ost-Berlin geboren, rebellierte er gegen das System, ließ sich 1976 mit seiner Klampfe auf dem Alexanderplatz nieder und sang Lieder von Wolf Biermann und Bettina Wegner. Man nahm ihn fest, und weil er unbelehrbar blieb, wurde er 1981 aus der Haft in den Westen abgeschoben. Als die Mauer fiel, besetzte er den Wachturm und errichtete in ihm das »Museum der Verbotenen Kunst«. Tragischerweise kam der engagierte Künstler 1994, kaum 35 Jahre alt, bei einem Badeunfall ums Leben.

Massalow: Held und Kinderfreund

Wir queren den Landwehrkanal. Rechts von uns liegt der Treptower Hafen. Hier hat sich das größte Unglück der zivilen DDR-Schifffahrt ereignet.

Die Tragödie der »Heimatland«

Ein fröhlicher Ausflug sollte es werden. Lauter Kinder vom Prenzlberg, über hundert mit ihren Betreuern. Was kann es Schöneres geben als eine Bootstour an einem heißen Julitag? Voller Vorfreude besteigt man das Passagierschiff im Hafen von Alt-Treptow, verteilt sich lachend auf die Bänke, viele oben im Freien, andere im Unterdeck. Die Fahrt soll nach Hessenwinkel gehen, nach Rahnsdorf. Dort will man den Tag verbringen, will miteinander spielen und picknicken. So war es geplant.

Hätte er den Motor doch reparieren können! Das alte Dieselgerät aber hatte endgültig seinen Geist aufgegeben. Kapitän Erich Weise fuhr im Auftrag der DSU, der Deutschen Schiffs- und Umschlagzentrale. Ein Ersatzdieselmotor ist nicht aufzutreiben gewesen, nicht im Jahr 1951, als es noch an allen Ecken und Enden fehlte. So hatte man sich kurzerhand für einen Benzinmotor entschieden, ungewöhnlich für einen Schiffsantrieb. Gestern erst war man damit fertig geworden, heute schon sollte es wieder auf Tour gehen, noch vor der offiziellen Abnahme des Umbaus, mitsamt der lustigen Kinderschar.
Sie hatten gerade mal 300 Meter zurückgelegt, hatten den Treptower Hafen noch nicht verlassen, als das Unglück passierte. Eine gewaltige Explosion erschütterte das Schiff, dann raste eine Flammenwalze vom Maschinenraum durch das Unterdeck. Panik brach aus. Wer konnte, flüchtete, sprang ins Wasser, in die Spree. Sofort eilte ein weiteres Fahrgastschiff zur

Zum Treptower Hafen

Hilfe, nicht aber die Volkspolizisten in ihren Booten. Im Gegenteil, sie versuchten zu verhindern, dass Schiffer aus dem Westen zu Hilfe eilen konnten. So zog sich die Rettung hin, und viele der verzweifelten Kinder ertranken. 28 Kinder und zwei Betreuer fanden nach offiziellen Angaben der DDR den Tod, wahrscheinlich sind es viel mehr gewesen. 2005 setzte man ihnen einen Gedenkstein. Manchmal legt jemand Blumen hier ab.

Kreuzberg – Friedrichshain – Mitte

Wir sind in Kreuzberg, dem ehemals wilden Westen von Berlin. Auch wenn vieles inzwischen braver geworden ist, so gibt es sie noch, die anarchisch anmutenden Straßenzüge, in denen der Protest bunt an die Häuserfronten gesprüht wird.

Noch lebt das alte Kreuzberg!

Nun geht es über die Oberbaumbrücke nach Friedrichshain. Über den Namen der Brücke mag mancher stutzen. Hier verlief ehemals die Stadtgrenze von Berlin. Um Schmugglern das Handwerk zu legen, hatte man die Brückendurchfahrt mit einem schwimmenden Baumstamm gesperrt, der erst weggezogen wurde, wenn der Zoll entrichtet war.

Über die Wasserqualität Berlins Mitte des 19. Jahrhunderts gibt uns jemand Auskunft, den König Friedrich Wilhelm IV. an seine aufstrebende Universität berufen hatte: Friedrich Rückert, der begnadete Dichter und kongeniale Übersetzer aus 44 (!) Sprachen:

Der Spree ist's weh,
Sie kann sich nicht entschließen,
In Berlin hindurchzufließen,
Wo die Gossen sich ergießen.
Wer mag es ihr verdenken?
Sie möchte lieber, wenn sie könnt, umlenken.
Hindurch doch muss sie schwer beklommen.
Sie kommt beim Oberbaum herein,
rein wie ein Schwan, um wie ein Schwein
bei Unterbaum herauszukommen.

Ein früher Grüner, dieser Rückert. Seit 1844 hat sich zum Glück einiges in Berlin getan, die Gossen ergießen sich längst nicht mehr in die Spree, alles wird vorbildlich geklärt. Und an manchen Tagen kann man ein merkwürdiges Schauspiel beobachten, dann fließt der Fluss wie durch ein Wunder Richtung Quelle. Wie ist das zu erklären? War das Jahr zu trocken und hat der Bergbau in der Oberlausitz der Spree zu viel Wasser entnommen, entsteht spreeaufwärts ein Wasserdefizit, das der Berliner auffüllt, wenn er sich unter die Dusche stellt: Dann fließt die Spree rückwärts. Sachen gibt's!

Oberbaumbrücke: Hier wurde der Zoll kassiert

Auf der Friedrichshainer Seite geht's nun parallel das Ufer entlang, die Mercedes-Benz-Arena gleitet vorbei, dann die East Side Gallery mit ihren fantasievollen Mauersprayereien, darunter Honecker und Breschnew in inniger Umarmung.

»Mein Gott hilf mir, diese tödliche Liebe zu überleben«, schrieb Dmitri Wrubel, nachdem er sein Graffito 1990 vollendet hatte. »Die tödliche Liebe« hatte für ihn einen doppelten Sinn, einen politischen, denn die beiden sozialistischen Staatschefs hatten mit dem Kuss 1979 eine Vereinbarung über Waffenlieferungen besiegelt, und einen persönlichen, war Wrubel doch innerlich zerrissen, er liebte zwei Frauen und wusste sich nicht zu entscheiden.

Über die Jannowitzbrücke geht es wieder in den Westen. Wir haben das Herz des alten Berlins erreicht. Zwei Städtchen, dicht beieinander gelegen, bildeten die Keimzelle, Cölln und Berlin. Wie kam es, dass daraus eine Weltmetropole werden konnte?

Die Geburt von Berlin

Man muss von Zwillingen sprechen, ja, fast schon von siamesischen Zwillingen. So dicht haben die Bürger der beiden Gründungsstädtchen gesiedelt, dass diese schon bald zusammenschmolzen. Cölln wurde eher erwähnt als Berlin, bereits 1237. Cölln, das später Kölln geschrieben wurde, ist eine Inselstadt. Zwischen zwei Spreearmen gelegen, entspricht es heute dem Streifen von der Fischerinsel im Südosten über das Stadtschloss bis hinauf zur Museumsinsel im Nordwesten. Um zur Schwesterstadt Berlin zu kommen, querte man den Mühlendamm.

East Side Gallery: Auch das Küssen will gelernt sein!

Die gestaute Spree trieb schon früh drei Wasserräder an, Cölln/ Berlin waren nicht nur frühe Handelsstädte, auch das Handwerk hatte hier seinen Platz. Sankt Petri hieß Cöllns erste Kirche. Hinweise auf slawische Vorläufersiedlungen fanden sich nicht, sodass man von einer deutschen Gründung ausgeht, Händler aus Köln am Rhein waren möglicherweise die ersten Siedler, woher Cölln seinen Namen haben könnte. Mit den Berlinern am östlichen Ufer scheint man sich gut verstanden zu haben, 1307 entschied man sich für eine gemeinsame Verwaltung, 1432 schloss man den Bund der Ehe. Wem dies nicht gefiel, weil er fürchtete, an Macht zu verlieren, war Kurfürst Friedrich II. Nur zehn Jahre später erklärte er die Eheschließung für null und nichtig, Cölln musste zudem Platz auf der Insel schaffen, damit der Fürst sein Stadtschloss errichten konnte.
Aber richtig Verliebte kann niemand trennen. Berlin und Cölln turtelten weiter und vermehrten sich fleißig: Friedrichswerder

Historischer Hafen Berlin

und Neukölln entstanden, die Dorotheenstadt und die Friedrichstadt. 1710 vereinigte man schließlich Eltern- und Kinderstädte zur königlichen Haupt- und Residenzstadt Berlin.

Das Märkische Museum ist der beste Ort, sich über die Geschichte Berlins zu informieren. Gleich nebenan lebte bis zum Jahr 2015 der letzte Berliner Stadtbär in seinem Zwinger, besser gesagt, die Bärin Schnute. Man wollte dem Berliner Wappentier mehr Freiheit gönnen und belegte den Bärenkäfig nicht mehr neu.

Wir nehmen erneut eine Brücke und gelangen auf die Fischerinsel, gebildet von Spree und Spreekanal. Am historischen Hafen, an dessen Kaimauern heute beschaulich die Schiffe dümpeln, ging es früher munter zu. Unglaubliche Mengen Material mussten herangeschafft werden, den Baubedarf Berlins zu befriedigen. Die Ziegelsteine, Berlins bevorzugte Bauklötze, kamen meist via Havel die Spree hinauf.

Auch die Wiedererrichtung des Stadtschlosses ist ein logistisches Meisterwerk gewesen. Vor kurzer Zeit erst hat man den Zwitterbau mit Kugel und Kreuz gekrönt, was nicht bei jedem für Begeisterung gesorgt hat. Mancher hätte sich gewünscht, »Erichs Lampenladen«, der Palast der Republik, wäre erhalten geblieben. Die Berliner aber sind mit Sicherheit flexibel. Sobald das Humboldt Forum regelmäßig mit spannenden Ausstellungen lockt und auf dem Schlossplatz die Einheit gewippt wird, werden auch sie das Retro-Schloss ins Herz schließen.

Die Schloßbrücke sollte natürlich die schönste aller Brücken über die Wasser der Spree werden, so sah es der preußische König, der unzufrieden mit dem unscheinbaren Vorläufermodell war. »Die sogenannte Hundebrücke in der Nähe der schönsten Gebäude der Residenz verunziert diese

Gegend so sehr«, sprach der König und beauftragte seinen Geheimen Oberbaurat Karl Friedrich Schinkel mit dem Neubau, 1824 war die Schloßbrücke fertig. Sieben Kutschen konnten nebeneinander fahren, die Brücke war so breit wie der anschließende Prachtboulevard »Unter den Linden«, wodurch sich ein einheitlicher Straßenzug vom Brandenburger Tor zum Schloss ergab.

Von der Museumsinsel durchs Regierungsviertel

Neben der größten Brücke sollte auch die größte Kirche Preußens stehen. In der Gruft des Berliner Doms liegen zahlreiche Hohenzollern begraben und träumen der ewigen Seligkeit entgegen, so sie denn einen gnädigen Richter finden, was vielleicht nicht in jedem Fall garantiert ist. Den nordwestlichen Zwickel zwischen Spree und Spreekanal füllt die Museumsinsel aus, die man auch Schatzinsel nennen könnte, unglaubliche Kostbarkeiten brachten die Schiffe herbei, so Heinrich Schliemanns Schatz des Priamos oder der Pergamonaltar. Von der Schifffahrt der hübschesten Museumsdame soll nun erzählt werden.

Wie Nofretete an die Spree kam

Mit großem Missfallen beobachtete Kaiser Wilhelm II., wie sich Frankreich und England die schönsten ägyptischen Kunstobjekte für ihre Museen sicherten. Als Kolonialmächte hatten es die Konkurrenten leicht, Deutschland drohte, leer auszugehen. Der Kaiser musste es mit einem Trick versuchen: 1899 schuf er die Stelle eines wissenschaftlichen Attachés an seinem Generalkonsulat in Kairo und schickte den Ägyptologen Ludwig Borchardt auf die Reise. Die Wahl erwies sich als Glücksgriff. Mit dem reichen Berliner Baumwollhändler James Simon als Finanzier machte sich Borchardt daran, südlich der Tempelruinen von Tell el-Amarna zu graben. Dabei legten er und seine Helfer Anfang 1913 das Atelier eines Bildhauers frei, in den Trümmern der Lehmziegel fand sich die bunte Büste einer Frau.

Borchardt war begeistert: »Wir hatten das lebensvollste ägyptische Kunstwerk in den Händen.« Nur die Ohren hatten gelitten und der linke Augapfel fehlte, was die Schönheit der Dame aber nicht schmälerte, sondern ihren geheimnisvollen Reiz eher noch steigerte. Als sich herausstellte, dass es sich um keine Geringere handelte als um Nofretete, war die Sensation perfekt. »Die Schöne, die da kommt«, lautet die Übersetzung des Namens der Königin, die, 1370 vor Christus geboren, nicht nur die Frau an des Pharaos Seite war, sondern selbstbewusst mitregiert hatte. Was für ein Fund! Wie würde man in Berlin staunen!

Nur ein Hindernis war noch zu überwinden. Laut Vertrag mit den Ägyptern stand diesen die Hälfte aller Funde zu. Der Finder war derjenige, der die Aufteilung in zwei Hälften vornahm, die Ägypter durften sich dann für eine Hälfte entscheiden. Damit sie sich nicht zu sehr in Nofretete verliebten, stellte Borchardt geschickt einen Klappaltar auf die andere Seite, ein farbiges Altarbild, das das Königspaar Echnaton und Nofretete mit dreien seiner Kinder zeigte. Das Kairoer Museum besaß nämlich noch keinen Klappaltar und wünschte sich sehnlichst einen. Die Rechnung ging auf. Die Ägypter deuteten auf die Hälfte mit dem Klappaltar, Nofretete durfte ihre Reise vom Nil an die Spree antreten. Seit der Wiedereröffnung des Neuen Museums im Oktober 2009 verschenkt sie auf der Spreeinsel ihr Lächeln, Nofretete, die vielleicht schönste Büste einer Frau.

Statt vom Kupfergraben aus die Museumsinsel zu betrachten, könnten wir uns auch umdrehen und zur Nummer 6 hinaufwinken. Im vierten Stock wohnt Angela Merkel mit ihrem Mann, echte Spreebewohner.

Gemütlich schlängelt sich die Spree hier durch die Bundeshauptstadt. Am Tränenpalast, dem vielleicht traurigsten innerdeutschen Grenzübergang der Geschichte, passieren wir die Verlängerung der Hohenzollernbrücke, die Weidendammer Brücke. Auf ihr verkaufte der arme Anton im Roman von Erich Kästner seine Schnürsenkel, damit seine kranke Mutter die Miete zahlen konnte, während seine Freundin Pünktchen an der Seite ihres angeblich blinden Kindermädchens auf der anderen Brückenseite ihren Knicks machte, um Anton zu unterstützen. Und auch für Theodor Fontane wird es die vielleicht wichtigste Brücke seines Lebens gewesen sein. Als er mit seiner Freundin Emilie einen Spaziergang machte, kam ihm hier ein süßer Gedanke.

Wie der junge Fontane sich verlobte

»›Ja, nun ist es wohl eigentlich das Beste, sich zu verloben.‹ Es war wenige Schritte vor der Weidendammer Brücke, daß mir dieser glücklichste Gedanke meines Lebens kam und als ich die Brücke wieder um eben so viele Schritte hinter mir hatte, war ich denn auch verlobt. Mir persönlich stand das fest. Weil sich aber die dabei gesprochenen Worte von manchen früher gesprochenen nicht sehr wesentlich unterschieden, so nahm ich plötzlich, von einer kleinen Angst erfasst, zum Abschiede noch einmal die Hand des Fräuleins und sagte ihr mit einer mir sonst fremden Herzlichkeit: ›Wir sind nun aber wirklich verlobt.‹«

Man sieht: Brücken haben seit jeher eine geheime erotische Ausstrahlungskraft. Nicht umsonst hängen viele Liebespaare

Stadtschloss, Museumsinsel, Regierungsviertel

Schlösser an die Geländer. Aber nicht nur Brücken hat die Spree, auch Tunnel gibt es in Berlin. Der vielleicht verrückteste ist der »Tunnel über der Spree«, dessen prominentestes Mitglied Theodor Fontane war. Schon die Namenswahl dieses Literarischen Clubs deutet an, dass man sich selbst auf den Arm zu nehmen verstand, auch wenn man das Dichten durchaus ernsthaft betrieb. Wie bei den Meistersingern des Mittelalters trug man sich gegenseitig vor – und wurde gnadenlos ausgepfiffen, wenn die Poesie nicht gefiel.

Nun wird's politisch. Wie ihre Schwestern, die Themse oder die Seine, wird die Spree endgültig zum Hauptstadtfluss. Sie nimmt es jedoch gelassen und zeigt nicht die geringsten Allüren, obwohl sich immerhin die Büros der drei höchsten Repräsentanten unserer Republik in ihren Wassern spiegeln: Bundespräsident, Bundeskanzler, Bundestagspräsident. (Kleines Rätsel: Platz vier arbeitet nicht weit von der Spree entfernt, Platz fünf hingegen hat sein Büro am Rhein.)

Wir kurven durch das Regierungsviertel, vorbei an einer Gedenkstätte für unglückliche Berliner, die das natürlichste Recht des Menschen, sich frei und ungehindert in seinem Lande zu bewegen, mit dem Tode bezahlen mussten.

Reichstag, Abgeordnetenhäuser, das Kanzleramt, mittendrin die Schweizer Botschaft. In der Spree spiegelt sich der Hauptbahnhof, der mehr und mehr von üppig sprießenden Glashäusern zugewuchert wird. Chillig geht es am Ufer zu, in den Sonnenliegen genießt die Jugend bunte Cocktails, die die Abendsonne zum Leuchten bringt. Wer es zünftig mag, findet gegenüber im *Zollpackhof* die richtige Stärkung. Ein schönerer Augustinerbiergarten findet sich wohl selbst am Isarufer nicht.

Erinnerung an die Todesopfer an der Berliner Mauer

Auch in Berlin verzweigt sich die Spree

Das grüne Berlin: vom Tiergarten nach Charlottenburg

Links gleitet die »Schwangere Auster«, die Kongresshalle, vorbei, dann kommt die grüne Lunge Berlins, der Tiergarten. Hübsch residiert dort der Bundespräsident. Das Einzige, was man den Architekten des Schlosses Bellevue vorwerfen kann, ist, die Schauseite nicht zur Spree hin ausgerichtet zu haben. Kurz müssen wir der Spree also untreu werden, der Radweg führt uns zur Straße des 17. Juni. Wer die teuerste aller Spreewaldgurken probieren will, der hat es von hier nicht weit. Im *KaDeWe* (Kaufhaus des Westens) gibt es die Spreewaldköstlichkeit in der Feinschmeckerabteilung einzeln und in Dosen verpackt. Einfach hinauf in den 6. Stock, 1,78 Euro auf die Theke gelegt und die schmale, schwarze Dose auf-

Vom Spreewasser gespeist: Teiche im Schlosspark Charlottenburg

gezogen: Es zischt, wenn sich die gute Berliner Luft mit dem Gurkenaroma schwängert. Nun die Gurke gepackt und wacker hineingebissen: Es schnurpst und etwas Essig spritzt heraus … lecker!

Das Ufer des Landwehrkanals führt uns wieder zur Spree zurück.

Berlin ist eine Wasserstadt, mehr Brücken als in Venedig gibt es hier. Überhaupt, die Spreebrücken! Wir hatten Ihnen doch versprochen, eine Doppelseite mit Brücken zu füllen. Blättern Sie nochmals zurück!

Kurz darauf wird es fürstlich, wir rollen in den Park von Schloss Charlottenburg, dem vielleicht prächtigsten aller Preußenschlösser. In einem etwas versteckten Mausoleum liegt die schöne Luise begraben. Als 1806 Napoleon anrückte, floh sie mit ihrem Mann, König Friedrich Wilhelm III., nach Königsberg. Napoleon besaß die Frechheit, im Schlafzimmer von Luise zu nächtigen. Als man ihn wieder aus dem Land gejagt hatte, ließ sich Luise im Schloss ein neues Schlafzimmer einrichten. Man kann's verstehen.

Hinter dem Schlosspark haben sich die einfachen Berliner ihre Gärten angelegt. Die »Berliner Lauben«, wie sie ihre Schrebergärten nennen, sind legendär. Einen Aufschrei gab es, als Überlegungen bekannt wurden, Laubenkolonien dem Wohnungsbau zu opfern. Kommt nicht in die Tüte! Auch bei jungen Berlinern sind die Lauben weiter äußerst beliebt.

Von Berlin nach Spandau

Von Charlottenburg nach Spandau

Auf dem nördlichen Ufer grüßt die Siemensstadt mit Wernerwerk und Siemensturm. Ein Angler versucht an der Spree sein Glück. Legendär müssen die Aale gemundet haben. Sonntags aus der Spree gezogen, wurden sie montags zu *Rogacki* gebracht, dem traditionellen Charlottenburger Fischhändler in der Wilmersdorfer Straße. Er hängte die Aale in seinen Räucherschrank, das Buchenholz flackerte, und bald darauf hatte man zu seiner Spreewaldgurke den besten Räucherfisch.

In Ruhleben lässt es sich nicht ruhig leben. Auf ihren letzten Kilometern wird die Spree zur geduldigen Dienerin des Wirtschaftslebens. Jede Menge Industrie und Gewerbe hat sich hier angesiedelt, keinen Platz hat man für Radtouristen gelassen, die über eine Straße namens »Freiheit« nach Span-

Spandau, Charlottenbrücke: Havel (links) küsst Spree (rechts)

dau zur Mündung geleitet werden. (Wenn die Freiheit so aussieht wie diese Straße, wird man nicht begreifen, wie man sich nach ihr sehnen, ja, sogar sein Leben für sie lassen kann.) Dann aber werden wir entschädigt: der Blick aufs Ziel, auf die Mündung.

Am Ziel: die Mündung in die Havel

Von der Charlottenbrücke, die zur Spandauer Altstadt führt, haben wir, nach über 400 Kilometern im Sattel, das schöne Schauspiel vor Augen: Die Spree ergießt sich in die Havel.

Mehr Wasser als die Havel führt die Spree, deutlich länger ist sie unterwegs und muss doch ihren Namen lassen. Ungerecht? Ach was! Solche menschlichen Eitelkeiten sind der Spree fern. Mit der Havel zusammen lassen sich noch weitere Abenteuer erleben: der Wannsee, Potsdam mit seinen Schlössern, die Städte Brandenburg und Havelberg mit ihren stolzen Domen, die Elbe dann, Hamburg, St. Pauli und zum Schluss die Nordsee! Kommt es da auf den Namen an?

»Und außerdem: Mit 400 Kilometern ist die Spree schließlich der längste deutsche Fluss dritter Ordnung.«

»Na, dann ist ja alles in Butter!«

Nachtrag 1

Die Spreetour lässt man am besten in der Altstadt von Spandau ausklingen. Auch in der Mündungsstadt, die älter ist als Berlin, gibt es eine Menge Attraktionen zu besichtigen, allein die Zitadelle, der grandiose Blick vom Juliusturm über Havel und Spree.

Wir aber beschließen das Ende der Reise, indem wir ein Kerzchen in der Nikolaikirche anzünden. Dann nehmen wir an einem Tisch vor einem Restaurant Platz, in Blickweite von Joachim II., dem Kurfürsten von Brandenburg. Der Kellner kommt und bringt gleich eine Speisekarte mit.

»Sehr freundlich«, bedanken wir uns.

»So sind wir Berliner …«, sagt er, und nach einer kurzen Pause: »Geburtsfehler.«

Spandau: Nikolaikirche und Denkmal des Kurfürsten Joachim II.

Mit dem Bötchen zur Spreemündung

Nachtrag 2

Wer noch dichter an die Mündung will, der miete sich in Spandau ein Bötchen. Kurz die Havel hinaufgekurvt, liegt der Zusammenfluss von Spree und Havel bald vor einem. Erhebend schön.

Anhang

Rezept für die beste Spreewaldsauce

2 Zwiebeln
1 Bund Suppengrün
2 Lorbeerblätter
8 Pimentkörner
1,5 kg Spreefisch (klassischerweise Hecht)
1/8 l Buttermilch
1/8 l Sahne
2 EL Mehl
1/2 Flasche Bier
50 g Butter
Salz
Frische Petersilie und Dill

Das Wurzelgemüse und die Zwiebeln in feine Scheiben schneiden, mit den Gewürzen in 2 Liter Wasser erhitzen und 10 Minuten köcheln. Den vorbereiteten Hecht mundgerecht zerteilen, und die Stücke in den köchelnden Sud geben, auf kleiner Flamme garen.

Einen halben Liter des Suds abschöpfen, Buttermilch und Sahne darin verquirlen und nach und nach mit Mehl andicken. Das Bier hinzugeben und die Sauce kurz aufkochen lassen. Butter unterrühren und mit Salz abschmecken.

Nun die Hechtstücke auf eine vorgewärmte Platte geben und mit der Sauce übergießen, gehackte Petersilie und Dill darüberschneien lassen – fertig! Guten Appetit!

Literaturhinweise

Bautzen-Komitee (Hrsg): *Das Gelbe Elend. Bautzen-Häftlinge berichten 1945–1956*, Buchverlag Union, Berlin 1992.

Haupt, Leopold u. Schmaler, Johann Ernst (Hrsg): *Volkslieder der Sorben in der Ober- und Nieder-Lausitz (Nachdruck der Originalarbeit aus den Jahren 1841 u. 1843)*, Akademie-Verlag, Berlin 1953.

Heyd, Volker: *Das prähistorische Gräberfeld von Niederkaina bei Bautzen*, Band 4, Konrad Theiss Verlag, Stuttgart 2000.

Jordan, K. H. C. (Hrsg): *Natura Lusatica. Beiträge zur Erforschung der Natur der Lausitz (Sachsen)*, Heft 4, Stadtmuseum Bautzen, Bautzen 1958.

Kornrumpf, Martin: *Lausbub und Gymnasiast, mein Leben als Pfarrersohn in Fürstenwalde*, Selbstverlag, Gräfelfing 1988.

Lehmann, Edgar (Hrsg): *Die südöstliche Oberlausitz mit Zittau und dem Zittauer Gebirge, Werke unserer Heimat* (Band 16), Akademie-Verlag, Berlin 1970.

Mader, Richard: *Vom Spreewald zur Lausitz*, Falken, Niedernhausen 1990.

Ostdeutsche Galerie Regensburg (Hrsg.): *Paul Sinkwitz. Bilder, Zeichnungen, Druckgraphik; zum 80. Geburtstag*, Katalog der Ostdeutschen Galerie Regensburg, Verlag Ostdeutsche Galerie Regensburg, Regensburg 1979.

Smolnik, Regina u. Richthofen, Jasper von (Hrsg): *Die Oberlausitz. Ausflugsziele zwischen Neiße und Pulsnitz*, Konrad Theiss Verlag, Stuttgart 2010.

Praktische Reisehinweise

Anreise zu den Quellen

Bahn:

Der Bahnhof in Neugersdorf ist von Dresden aus hervorragend zu erreichen. In allen Zügen der »trilex – die Länderbahn« dürfen Fahrräder transportiert werden. In den Kernzeiten bestehen halbstündige Verbindungen, die Fahrt dauert 70 bis 95 Minuten. Fernreisende aus Richtung Leipzig können in Dresden-Neustadt zusteigen. Auch in den ICEs gibt es Fahrradplätze, diese sollten aber unbedingt frühzeitig reserviert werden. Aus Bayern kann man auch mit Nahverkehrszügen über Nürnberg–Hof–Dresden anreisen.

Auto:

Die Anfahrt erfolgt in aller Regel über Dresden, dann weiter über die A 4 nach Bautzen, dort auf die B 96 bis Neugersdorf. Genügend Langzeitparkplätze sind in Neugersdorf vorhanden. Wer direkt zur Neugersdorfer Quelle fahren möchte, der gebe folgende Adresse in sein Navi ein: *Neugersdorf, Volksbadstraße 15*. Wer die höchstgelegene Quelle am Kottmar anfahren will, der gebe ein: *Kottmar, Bierweg 3* (Parkplatz Spreequelle). Die Quelle in Ebersbach hat folgende Adresse: *Ebersbach, Am Spreeborn*.

Rückreise (ab Berlin)

Wer sein Auto wieder abholen möchte, der erreicht Neugersdorf von Berlin (oder Berlin-Spandau) aus in etwa 3,5 Stunden. Direktverbindung Berlin–Dresden–Neustadt und von dort weiter nach Neugersdorf.

Fahrtunterbrechungen/Teilstücke

Sie wollen nur ein Teilstück des *Spree-Radwegs* radeln? Kein Problem! Entlang der Strecke gibt es einige Bahnhöfe, Bautzen und Cottbus sind die wichtigsten.

Rad- und E-Bike-Verleih

Wer von Berlin startet und ein Leihrad braucht, für den gibt es in der Hauptstadt zahlreiche Möglichkeiten, die hier nicht alle aufgeführt werden können. An der Quelle kann man bei der Pension Anja nachfragen (www.pension-anja.de). Für Freunde von Teilstrecken gibt es im Spreewald jede Menge Ausleihmöglichkeiten, natürlich auch in Cottbus und Dresden.

Unterkünfte

Hinweise zu Unterkünften direkt auf der Strecke (und viele weitere hilfreiche Infos) finden Sie unter: *www.spreeradweg.de*

Museen, Ausstellungen und andere kulturelle Highlights

Neugersdorf-Ebersbach

Tourist-Information, www.ebersbach-neugersdorf.de
Kaffeemuseum mit Café, www.spree-museumshof.de
Heimatmuseum, www.sachsens-museen-entdecken.de
Bismarckturm: schöner Rundblick (meist nur an den Wochenenden im Sommerhalbjahr geöffnet), www.ebersbach-neugersdorf.de

Eibau

Tourist-Information, www.gemeinde-kottmar.de
Faktorenhof mit Heimat- und Humboldtmuseum, www.faktorenhof-eibau.de

Neusalza-Spremberg

Tourist-Information, www.neusalza-spremberg.de
Heimatmuseum »Reiterhaus«, www.reiterhaus.de
Spreepark: idyllische Spreelandschaft in einem Wäldchen

Taubenheim

Tourist-Information, www.sohland.de
Wanderweg zu den 35 Sonnenuhren

Sohland an der Spree

Touristen-Information, www.sohland.de
Heimatmuseum, www.sohland.de
Himmelsbrücke: ganzjährig reizvoll!
Volks- und Schulsternwarte (Anmeldung erwünscht), www.sternwarte-sohland.de
Evangelische Kirche im klassizistischen Stil mit Resten aus der romanischen Zeit (Wehrkirche)

Schirgiswalde

Tourist-Information, www.stadt-schirgiswalde-kirschau.de
Heimatmuseum »Carl Svoboda«, www.stadt-schirgiswalde-kirschau.de
Katholische Pfarrkirche Mariä Himmelfahrt (Barock)

Kirschau

Tourist-Information, www.stadt-schirgiswalde-kirschau.de
Burgmuseum Kirschau, www.stadt-schirgiswalde-kirschau.de
Burgruine Körse

Körse-Therme (Freizeit- und Gesundheitsbad), www.koerse-therme.de

Großpostwitz

Tourist-Information, www.grosspostwitz.de

Historischer Mühlenkomplex (von außen zu besichtigen)

Obergurig

Tourist-Information, www.obergurig.de

Böhmische Brücke (steinerne Brücke aus der Barockzeit)

Bautzen

Tourist-Information, www.bautzen.de

Stadtmuseum Bautzen: umfangreiche Sammlungen, modern präsentiert; www.museum-bautzen.de

Sorbisches Museum (kleines Volk, reiche Kultur!), www.sorbisches-museum.de

Dom St. Petri (dank eines Kirchendienstes regelmäßig geöffnet), www.dompfarrei-bautzen.de

Domstift mit reichen Schätzen, www.bistum-dresden-meissen.de

Michaeliskirche, www.st-michael-bautzen.de

Alte Wasserkunst, www.altewasserkunstbautzen.de

Reichenturm, www.bautzen.info/sehenswuerdigkeiten/reichenturm

Gedenkstätte Bautzen (Stasi-Knast), www.stsg.de/cms/bautzen/startseite

Talsperre Bautzen mit Badestrand, Feldküche, Kletterpark, Hochseilgarten u. Minigolfpark, www.bautzen.de/tourismus-kultur-freizeit

Malschwitz, Ortsteil Wartha

Tourist-Information Malschwitz, www.malschwitz.de

Haus der Tausend Teiche (Biosphärenreservat Oberlausitzer Heide- und Teichlandschaft), www.haus-der-1000-teiche.de

Uhyst

Tourist-Information, www.lausitzerseenland.de

Neues Schloss mit Barockgarten und Englischem Landschaftspark (Schloss nicht zu besichtigen)

Kirche mit reicher Innenausstattung

Boxberg

Tourist-Information, www.lausitzerseenland.de

Landschaftspark Bärwalder See mit großem Strand, www.boxberg-ol.de

Findlingspark, www.boxberg-ol.de

Braunkohlekraftwerk Boxberg: Besichtigung nach Vereinbarung, www.leag.de

Sprey

Schrotholzkirche, www.sachsen-lausitz.de/boxberg/sprey-schrotholzkirche.html

Spremberg

Tourist-Information, www.spremberg.de

Niederlausitzer Heidemuseum im Schloss, www.heidemuseum.de

Kreuzkirche (bei der Tourist-Info anmelden), www.spremberg.de

Bismarckturm: zu besteigen, schöner Rundblick

Talsperre Spremberg mit Badestränden

Wildgehege, www.wildtraenke.de

Cottbus

CottbusService, www.cottbus-tourismus.de

Fürst-Pückler-Park und Schloss Branitz, www.pueckler-museum.de

Oberkirche St. Nikolai: spätgotischer Backsteinbau aus dem 14. Jh. mit wertvollem Barockaltar; dank eines Kirchendienstes oft geöffnet, Turm kann bestiegen werden
Wendisches Museum, www.wendisches-museum.de
Brandenburgisches Apothekenmuseum, www.brandenburgisches-apothekenmuseum.de
Brandenburgisches Landesmuseum für Moderne Kunst im Dieselkraftwerk, www.blmk.de
Stadtmuseum und -archiv Cottbus, www.stadtmuseum-cottbus.de
Flugplatzmuseum, www.flugplatzmuseumcottbus.de
Galerie Haus 23: zeitgenössische Kunst, www.galerie-haus23.de
Staatstheater: Vierspartenhaus im schönsten sezessionistischen Jugendstilgebäude, www.staatstheater-cottbus.de
Technisches Denkmal Spreewaldmühle, www.reiseland-brandenburg.de
Tierpark, www.tierparkcottbus.de
Naturlehrpfad am Umweltzentrum (Start im Eliaspark)

Peitz

Kultur- und Tourismusamt Peitz, www.tourismus.peitz.de
Eisenhütten- und Fischereimuseum, tourismus.peitz.de
Hüttenwerk Peitz, www.peitzer-huettenwerk.de
Festungsturm mit Heimatmuseum, tourismus.peitz.de
Stadtpfarrkirche: Stüler-Bau

Maiberg

Auerochsenreservat, www.spreewald-info.de

Spreewald

Tourismusverband Spreewald, www.spreewald.de

Burg (Spreewald)

Tourist-Information, www.burgimspreewald.de
Bismarckturm: schöner Rundblick über den Spreewald, www.spreewald-info.de
Heimatstube: in reetgedecktem Blockhaus, www.spreewald.de
Evangelische Kirche: schlichter Nachfolgebau für die ursprüngliche Fachwerkkirche, www.kircheburg.de
Kahnfahrten auf über 190 Fließen, www.spreehafen-burg.de oder www.spreewald.de
Spreewaldtherme, www.spreewald-therme.de

Lehde

Tourist-Information, www.spreewald-dorf-lehde.de
Bauern- und Gurkenmuseum, www.gurkenmuseum.de
Freilandmuseum, www.museums-entdecker.de

Lübbenau

Tourist-Information, www.luebbenau-spreewald.com
Barockkirche St. Nikolai, www.kirche-luebbenau.de
Schloss Lübbenau: Landschaftspark mit Hotel
Spreewaldmuseum, www.museums-entdecker.de

Lübben

Spreewaldinformation Lübben, www.luebben.de
Paul-Gerhardt-Kirche mit Grab des Kirchendichters, www.paul-gerhardt-luebben.de
Museum Schloss Lübben, www.luebben.de

Schlepzig

Tourist-Information Unterspreewald, www.schlepzig.de
Fachwerkkirche, www.alte-kirchen.de
Bauernmuseum, www.bauernmuseum-schlepzig.de

Trebatsch

Ludwig-Leichhardt-Museum, www.leichhardtland.de

Beeskow

Touristen-Information, www.beeskow.de
Stadtkirche St. Marien, www.evangelische-kirche-beeskow.de
Burg Beeskow, www.burg-beeskow.de
Ältestes Haus, www.beeskow.de
Fischfachgeschäft Mogel, www.frischerfis.ch

Fürstenwalde

Tourismusverein, www.fuerstenwalde-tourismus.de
Dom St. Marien, www.kirche-fuerstenwalde.de
Stadtmuseum, www.museum-fuerstenwalde.de
Brauereimuseum, www.brauereimuseum-fuerstenwalde.de
Altes Rathaus mit Festsaal und Kunstgalerie, www.kunst-fw.de
Kulturfabrik, www.kulturfabrik-fuerstenwalde.de
Heimattiergarten, www.heimattiergarten-fuerstenwalde.de

Erkner

Tourismus-Infopunkt, www.erkner.de
Genezareth-Kirche: neugotisch, Glocken von Carl Bechstein, www.evangelisch-osw.de
Gerhart-Hauptmann-Museum, www.hauptmannmuseum.de
Heimatmuseum – Museum am Sonnenluch, www.heimatverein-erkner.de
Personenschifffahrt, www.reederei-kutzker.de
Historischer Maulbeerbaum in der Friedrichstraße

Berlin:

Beschränkung auf Sehenswürdigkeiten am Radweg und Spreeufer
zentrale Tourist-Information Berlin, www.berlin.de

Berlin-Köpenick

Tourist-Information, www.tkt-berlin.de
Müggelturm, www.müggelturm.berlin
Museum Köpenick (Stadt- und Bezirksgeschichte), www.museumsportal-berlin.de
Evangelische St. Laurentius Stadtkirche, www.stadtkirche-koepenick.de
Schloss Köpenick, www.smb.museum/museen-einrichtungen/schloss-koepenick/home/
Kunstgewerbemuseum im Schloss Köpenick, www.berlin.de/museum
Rathaus mit Ausstellung zum Hauptmann von Köpenick, www.visitberlin.de/de/rathaus-koepenick
Gedenkstätte »Köpenicker Blutwoche«, www.berlin.de/museum-treptow-koepenick/gedenkstaette/
Museum im Alten Wasserwerk, www.berlin.de/museum
Miniaturpark Berlin-Brandenburg, www.modellparkberlin.de
Parkeisenbahn Wuhlheide, www.parkeisenbahn.de
Kletterpark Wuhlheide, www.kletterwald-wuhlheide.de
Personenfähre

Treptow

Archenhold-Sternwarte (größte Volkssternwarte Deutschlands mit dem längsten beweglichen Teleskop der Welt), www.archenhold-sternwarte.de
Rathaus Treptow: Neorenaissancegebäude aus den Jahren 1909/10
Treptower Park mit Sowjetischem Ehrenmal
Wachturm am Schlesischen Busch
Personenschifffahrt, www.sternundkreis.de
Oberbaumbrücke

Friedrichshain

East-Side-Gallery, www.eastsidegallery-berlin.com

Mitte

Märkisches Museum: alles über Berlins Geschichte, www.stadtmuseum.de/maerkisches-museum
Historischer Hafen, www.historischer-hafen-berlin.com
Friedrichwerdersche Kirche mit Ausstellungen, www.smb.museum
Berliner Stadtschloss (Humboldt Forum), www.berliner-schloss.de
Berliner Dom, www.berlinerdom.de
Museumsinsel, www.museumsinsel-berlin.de
Reichstagsgebäude, www.bundestag.de
Spreebogenpark, www.visitberlin.de/de/spreebogenpark

Tiergarten

Haus der Kulturen (früher: Kongresshalle), www.hkw.de
Schloss Bellevue

Charlottenburg

Charlottenburger Tor
Schloss Charlottenburg mit Park, www.spsg.de

Spandau

Tourist-Information, www.visitspandau.de
Stadtkirche St. Nikolai, www.nikolai-spandau.de
Zitadelle mit Juliusturm und Stadtgeschichtlichem Museum, www.zitadelle-berlin.de
Bootsverleih (Fahrt zur Spreemündung), z. B. über www.bootsvermietung-online.de

Ortsregister

Weitere Fahrradführer

Radelgenuss für Leib & Seele

Johannes Wilkes

Donau-Radtouren

In 4 Tagen mit dem Fahrrad
von Ulm in den Schwarzwald

256 Seiten | 15,00 €
ISBN 978-3-7472-0236-4

Vom Rande der Schwäbischen Alb über Ehingen, Sigmaringen, Beuron und Tuttlingen bis zur Quelle bei Donaueschingen.

- Mit unterhaltsamen Streckenbeschreibungen und persönlich gestalteten Reiseerlebnissen
- Sehr gut lesbar, jede Menge Hintergrundstories zu Kultur, Geschichte, regionalen Eigenheiten und Kulinarik
- Entspannte Genusstouren für Leib und Seele – Streckenlängen flexibel einteilbar, größtenteils am Fluss entlang
- Zahlreich bebildert und hübsch illustriert macht der Fahrradführer schon Lust, bevor die Radtour losgeht.

Quer durchs Ruhrgebiet

Johannes Wilkes,
Rainer Götzfried
Emscher-Touren
In 5 Tagen mit dem Fahrrad
durch den Pott

232 Seiten | 14,00 €
ISBN 978-3-7472-0198-5

Das Ruhrgebiet müsste eigentlich Emschergebiet heißen! Davon sind unsere Autoren überzeugt – fließt sie doch mitten durchs Revier und u. a. an den Großstädten Dortmund, Essen, Oberhausen und Duisburg vorbei. Für sie ist die Emscher der »vielleicht seltsamste Fluss Europas« – was durchaus positiv gemeint ist: Einst bereits »klinisch tot«, entwickelt sie sich nun, überwiegend renaturiert, zu einem idyllischen Naherholungsziel inmitten spannender (Industrie-)Kulturlandschaft. Von der Quelle bei Holzwickede bis zur Mündung bei Dinslaken bietet der Emscher-Radweg demnach auch Ausgangspunkte für ein äußerst vielfältiges Freizeitprogramm. Mit unterhaltsamen Streckenbeschreibungen und Reiseerlebnissen sowie jeder Menge Hintergrundgeschichten zu Kultur, Geschichte, Sport und Kulinarik.

Willkommen im Fahrradparadies Franken

Helwig Arenz, Sigrun Arenz, Veit Bronnenmeyer, Jonas Fehn, Sylvia Schaub

Fahrrad fahren an Flüssen in Franken

14 Genusstouren

200 Seiten | 16,00 €

ISBN 978-3-86913-915-9

Steigen Sie auf den Sattel und genießen die wunderschönen Flusslandschaften Frankens ganz entspannt mit dem Rad:

- Wohlfühlausflüge für Leib und Seele entlang von 10 verschiedenen Flüssen in Franken
- Flexibel kombinierbare Tages- und Wochenendtouren für Familien, Genussradler und E-Bikes
- Mit Tourenkarten und allen wichtigen Infos zu An- und Rückreise mit ÖPNV sowie Radservice und E-Bike-Verleih
- Mit unterhaltsamen Tipps zu Natur- Kultur- und Kulinarikhighlights.
- Einkehrmöglichkeiten in Biergärten, Sehenswürdigkeiten entlang der Route und viel Wissenswertem zur Umgebung

Radelgenuss vom Feinsten

Monika Johna

Radeln an Flüssen in Baden-Württemberg

15 Genusstouren

239 Seiten | 16,00 €

ISBN 978-3-7472-0012-4

Die besten Flussradtouren in Baden-Württemberg entlang von Neckar, Rhein, Donau, Jagst, Tauber, Kocher, Lauter, Nagold u.a.

· Flexibel kombinierbare Tages- und Wochenendtouren für Familien, Genussradler und E-Bikes

· Mit Tourenkarten und allen wichtigen Infos zu An- und Rückreise mit Auto oder ÖPNV sowie Radservice und E-Bike-Verleih

· Mit unterhaltsamen Tipps zu Natur- Kultur- und Kulinarikhighlights.

· Einkehrmöglichkeiten in Biergärten, Sehenswürdigkeiten entlang der Route und viel Wissenswertem zur Umgebung